D1674259

Bei uns nicht

Sexuelle Gewalt
und
Behinderung

Tagung vom
18.02.1994

Heilpädagogische
Fakultät
der Universität
zu Köln

VERLAG DR. KOVAČ

Louise-Schroeder-Str. 31 · 22708 Hamburg · Tel. 040-380 57 75 / 76 · Fax 040-389 56 20

CIP-Titelaufnahme der Deutschen Bibliothek

Weinwurm-Krause, Eva-Maria:

Sexuelle Gewalt und Behinderung./

Eva-Maria Weinwurm-Krause. - Hamburg: Kovač, 1994
ISBN 3-86064-234-0

INHALT

EINLEITUNG

Eva-Maria Weinwurm-Krause

1 Begriffsbestimmung

Nähert man sich einer so spezifischen Fragestellung wie der des sexuellen Mißbrauchs behinderter Menschen (siehe Anmerkung), ist es notwendig, zu klären, welches Sexualitätsverständnis zu Grunde gelegt wird. Sexualität wird in der wissenschaftlichen Literatur übereinstimmend als Grundbedürfnis menschlicher Daseinsgestaltung angesehen (Freud 1979, Haeberle 1983, Fricker/Lerch 1976). Sexualität stellt somit eine motivationale Grundenergie menschlichen Seins (Walter 1980, S. 33) dar und ist ein wesentliches Bestimmungselement zwischenmenschlicher Kommunikation. Sexualität bestimmt einen allgemeinen menschlichen Lebensbereich, ebenso wie die individuell-personale Beziehungsgestaltung zwischen einzelnen Personen. Die Aspekte der Erotik, der Zärtlichkeit und der Fortpflanzung sind bestimmend für jede sexuelle Beziehung. Diese sexuellen Ausdrucksebenen stehen in Verbindung miteinander; es kann aber in einzelnen Lebensphasen jeweils einer dieser Aspekte in den Vordergrund rücken. Da die personale Beziehung in der Interaktion und Kommunikation die umfassende menschliche Daseinsgestaltung beschreibt, erhält sie damit auch eine führende Rolle (Weinwurm-Krause 1990).

Die Ausformung dieser personalen Ebene ist jedoch von der generellen gesellschaftlichen Normierung abhängig. Je nachdem welche Zielsetzungen in der Erziehung in der jeweiligen Gesellschaftsform verfolgt werden, wird die personale Ebene Eltern (Bezugsperson) - Kind (später um die jeweiligen institutionellen Erfahrungsräume, wie z.B. Kindergarten, Schule erweitert) unterschiedlich ausgestaltet sein.

Eine wesentliche Einflußgröße in diesem Erziehungskonzept stellt die Geschlechtszugehörigkeit dar, sie bestimmt in hohem Maße, welche Persönlichkeitsmerkmale den jeweiligen Personen zugeschrieben werden (Brenner/Grubauer 1991, Barwig/Busch 1993).

2 Sexualität und Erziehung

Besonderes Augenmerk soll unter dem Gesichtspunkt der sexuellen Gewalt (ein einheitliches wissenschaftliches Verständnis in Bezug auf die Definition von Gewalt liegt bisher nicht vor (Westcott 1991, Bange 1992)) hier auf zwei Aspekte gelegt werden. Der Erziehungsalltag beinhaltet nur bedingt die Erziehung zur Liebesfähigkeit (Thomasky 1981). Erziehung in Aggressionen und Gewalt, die wir den Kindern physisch, psychisch und geistig entgegenbringen, scheint eher vorzuherrschen. Hinzu kommt die enge Verknüpfung von physischer und psychischer Gewalt in der Wahrnehmung des Kindes, sowie jede Form geistig-psychischer Gewalt auf Dauer in physische Beeinträchtigungen einmünden wird. Dies bedeutet aber ebenfalls, daß eine Eigenentwicklung des Kindes vor dem Hintergrund der Liebe, der Akzeptanz des „So-seins" nur bedingt entgegengebracht wird - dies erst einmal unabhängig davon, ob dieses Kind auch eine Schädigung hat (Mühlum/Oppl, 1992, Matthesius, 1990). Auf diesem Erziehungshintergrund ist aber auch die Art und Weise der personalen Beziehungsebene entsprechend beeinflußt, somit auch die Ausformung und Gestaltung der Sexualität als Bestimmungselement dieser Beziehungsebene. Je nach Ausformung dieses Erziehungsstils, kommt es häufig -neben anderen Verhaltensauffälligkeiten-

- zur aktiven Unterdrückung der eigenen Sexualität sich selbst oder/und anderen gegenüber
- oder zur Unterdrückung der Sexualität des Gegenüber durch Gewalt.

In der sexuellen Gewalt und dem sexuellen Mißbrauch focussieren sich somit die bestehenden Gewaltverhältnisse als Störungen der personalen Beziehungsebene. Sexuelle Gewalt darf also nicht als eine spezifische isolierte Form der Gewalt verstanden werden, sondern muß immer im Verhältnis zur generellen Gewalt gesehen werden. Damit ist nach bisherigem Kenntnisstand festzustellen - da sexuelle Gewalt überwiegend von Männern an Frauen und Kindern vollzogen wird - daß sich somit in der Mißbrauchssituation die herrschenden Machtverhältnisse widerspiegeln.

Sieht man sich europäische und amerikanische Statistiken an, so wird jeder siebte Junge und jedes dritte Mädchen vor seinem 18. Lebensjahr sexuell mißbraucht (CeBeeF, Schweiz 1992). Bestrebungen zur Veränderung sexueller Gewalt können somit nie nur auf diese beschränkt bleiben, sondern umfassender ansetzen.

3 Behinderungsspezifische Aspekte der Mißbrauchssituation

Nähert man sich der Frage, welche Spezifika beim sexuellen Mißbrauch bei behinderten Menschen hinzutreten, so kann man einige Tendenzen aufzeigen:

Geburts- oder frühbehinderte Menschen werden den vielfältigsten medizinisch-therapeutischen Behandlungen zugeführt. So notwendig viele dieser Maßnahmen sind, so notwendig ist es auch zu hinterfragen, welche Therapie noch zu welcher Entwicklungsförderung beitragen kann. Somit ist Therapieanwendung eine Gradwanderung, denn sie kann auch eine erhöhte Gefährdung der personalen Identität des Kindes sein, wenn dieses sich nicht als Subjekt seines Handelns, sondern sich als ständiges Obkjekt des Handelns anderer begreifen muß (Leyendecker 1979).

Therapien zeichnen sich darüberhinaus dadurch aus, daß die Zielsetzungen meist durch den Therapeuten vorgegeben werden; damit werden Chancen vertan, sinngebende Handlungsmuster seitens der Betroffenen selbst aufzubauen. Kinder - auch unter Berücksichtigung schädigungsspezifischer Einschränkungen - sind meist in der Lage, Handlungsziele und -wege sinngebend für sich selbst zu gestalten, zumindestens, wenn man Ihnen konsequent diese Möglichkeit bietet. Ein häufiges Argument, daß dies nicht möglich sei, liegt eher in den Einschränkungen des Therapeuten, z.B. ihre eigene Ungeduld auszuhalten oder das Bestreben, Erfolge nachzuweisen.

Mit steigenden schädigungsspezifischen Einschränkungen steigt auch häufig die Pflegeabhängigkeit. Dies bedingt - genau wie bei vielen Therpieformen- einen erhöhten Körperkontakt. Je nach Ausgestaltung dieser Situation kann dies viele positive Elemente der Erfahrung beinhalten (Bienstein/Fröhlich 1991), jedoch muß man sich der Gradwanderung zur Enteignung des Körpers der Betroffenen beizutragen, bewußt sein. Damit ist die erhöhte Schwierigkeit für viele behinderte Menschen verknüpft, Abgrenzungen zwischen Pflege/Therapie und sexuellen Ausbeutungshandlungen nachvollziehen zu können. Es besteht die Gefahr, daß die Übergänge verwischen. „Die geistig behinderten Menschen lernen -"und nicht nur die"-, daß ihr Körper nicht Ihnen alleine gehört, sondern scheinbar jeder ein Recht darauf hat, sie anzufassen. Wie sollen sie da erkennen, wann sie zu sexuellen Zwecken ausgenutzt werden" (Greven, 1993, S. 70/ Senn 1993).

Mit steigendem Schweregrad der Behinderung werden meist soziale Erfahrungsfelder eingeschränkt, wobei man in der theoretischen Analyse zwischen schädigungsbedingten und sozialen Einschränkungen unterscheiden muß, auch wenn die Konsequenzen nicht zu trennen sind: ist die Tatsache, daß ein Jugendlicher im Rollstuhl, der eine Wohnung im 1.Stock ohne Aufzug bewohnen muß und daher wenig nach „draußen" kommt, schädigungsbedingt oder sozialbedingt?

Diese Einschränkungen vielfältiger sozialer Kontakte in unterschiedlichen Gruppen erleben zu müssen, führt zum einen zu Erfahrungs-, zum anderen zu Handlungsdefiziten. Bezogen auf den sexuellen Mißbrauch kann dies für die Betroffenen zum einen bedeuten, Handlungen ihrer Bezugspersonen nicht eindeutig zuordnen zu können, zum anderen -sollte eine solche Zuordnung stattgefunden haben - nicht oder nur bedingt handlungsfähig zu sein, diese Grenzüberschreitung anzeigen zu können. Daß Menschen mit Behinderungen auch häufig noch bis ins hohe Erwachsenenalter mißbraucht werden (CeBeeF Schweiz 1992), ist besonders bedenkenswert.

4. Verhaltensauffälligkeiten

Der behinderte Mensch ist also in einer vielfältigen mißlichen Lage, da er zum einen in der Sozialisation nur bedingt lernen konnte sich gegen andere abzugrenzen, zum anderen ebenfalls den Wunsch hat, als Mensch mit sexuellen Gefühlen und Wünschen anerkannt zu werden.

Generell erfahren Menschen mit Behinderungen eher die Einstellung und Zuschreibung seitens der Umwelt sexuell neutral, d.h. unattraktiv als Sexualpartner zu sein. Damit können sie aber auch nicht in den Augen der nichtbehinderten Welt ein Opfer sexueller Mißbrauchshandlungen sein. Seitens der Betreuer wird dieser Tatbestand bewußt oder unbewußt erkannt, die große Abhängigkeit des behinderten Menschen zum Betreuer gesehen (Enders 1990) und gerade bei schwer behinderten die Alltagstheorie des „Feeling No Pain" (Sobsey/ Mansell 1990) angewendet. Für den behinderten Menschen bedeutet das, daß der Weg, eine eindeutige Interpretation seiner Lebensrealität leisten zu können, versperrt ist (Leontjew 1982), da die Menschen seiner Umgebung, von denen er einerseits positive Zuwendung erhält, ihn andrerseits sexuell ausbeuten. „Die Angst, das Schweigen zu brechen, ist immens. Und so „verbünden" sich TäterInnen und Opfer nur allzu häufig in zerstörerischem Schweigen" (CeBeeF Schweiz 1993).

Dieses Dilemma, in dem sich die Betroffenen befinden, führt zu pathologischen Verhaltensmustern, die sich häufig in psychosomatischen Störungen, Fremd- und Autoaggression, sexualisierten Verhaltensweisen (Wittrock, 1992), Voss/Hallstein, 1993), sowie phobische Vermeidungsreaktionen von Intimitäten, Orgasmusprobleme und Prostitution (CeBeeF Schweiz 1993) äußern.

Diese pathologischen Verhaltensmuster können Hinweise auf sexuelle Mißbrauchssituationen sein, jedoch kann man von ihnen nicht automatisch auf sexuellen Mißbrauch rückschließen, da auch andere Beziehungsstörungen zu dieser Verhaltensauffälligkeiten führen (Reger, 1992).

5. Ansatzpunkte für Änderungen

Möglichkeiten, diese Grundbedingungen zu verändern, können Selbstbehauptungs- und Selbstverteidigungstraining, sowie beratende, erklärende Präventionsarbeit sein (Nelder, 1993/Braecke/Wirtz-Weinerich 1992). Dabei ist zu berücksichtigen, daß auch die Präventionsarbeit eine Gradwanderung sein kann. Legen die Beratung und

Vermittlung einen Schwerpunkt auf den Aspekt der sexuellen Ausbeutung und des sexuellen Mißbrauchs, können sie wiederum zum Mittel werden, um den Zugang zur eigenen Sexualität zu erschweren.

Notwendig wäre es, die sozial und kulturellen Möglichkeiten so zu gestalten, schwer behinderten Menschen zu ermöglichen, ihre sexuellen Wünschen und Bedürfnisse zu entwickeln und sich entsprechende Fähigkeiten zur Befriedigung anzueignen. Um dies zu ermöglichen ist allerdings im Sinne von Bank-Mikkelsen (1982) in den Lebensbezügen soviel Normalität wie möglich notwendig.

Menschenwürdige Sexualität ist dann lebbar, wenn alle Beteiligten die Beziehung vom „Ich" zum „Du" in Verantwortung ausgestalten können, d.h. jeder selbstbestimmendes Subjekt und nicht Objekt ist. Im Bereich der Arbeit mit behinderten Menschen kann dies nur bedeuten: „Anstatt die ganze Kraft in letzlich wenig aussichtsreichen Unterdrückungsversuchen zu vergeuden, sollte im Gegenteil die enorme Motivationskraft, die von einer möglichen Partnerschaft ausgeht, pädagogisch im positiven Sinne genutzt werden" (Walter 1987, 15).

6. Ziel der Tagung „Sexuelle Gewalt und Behinderung"

Die Tagung sollte dazu dienen, den breiten Bogen, der durch sexuelle Mißbrauchshandlungen berührt wird, aufzuzeigen.

Die Tagung griff Grundlagen und Probleme im juristischen, sozialpädagogischen, familiären und therapeutischen Rahmen auf, sowie Aspekte der Prävention.

Frau Dr. Theresia Degener schilderte die rechtliche Situation, sowie die Gerichtspraxis und die damit verbundene Beweisführungslast der behinderten Frauen.

Frau Christiane Schneider vom „Zentrum für selbstbestimmtes Leben", Köln zeigte das Modellprojekt „Peer Support für behinderte Frauen" auf. In dieses Modell sind die Ziele eingebaut, Hilfen für sexuelle Mißbrauchte zu entwickeln, aufzubauen und anzubieten.

Frau Marlies Röhrig beschrieb ihre Untersuchung zu Einstellungs- und Wahrnehmungsmustern von Mitarbeitern in sonderpädagogischen Einrichtungen und die sich daraus ergebenden Konsequenzen für die Aus- und Weiterbildung.

Präventive Maßnahmen und ihre Möglichkeiten und Grenzen speziell unter den Aspekten unterschiedlicher sonderpädagogischer Einrichtungen und die entsprechenden Erfahrungen in präventiven Prozessen schilderte Herr Lambert Esser.

Fragen des sexuellen Mißbrauchs im Bedingungsgefüge der Familie speziell unter dem Aspekt der Beziehungsebene Vater-Mutter-Kind in der Verflechtung der Täter-Opfer Psyche stellt Frau Uta Sievert vor. Sie versuchte dieses Konzept auf die Struktur und Beziehungen in Institutionen zu übertragen.

Frau Aiha Zemp schilderte eingehend, welche gravierenden Folgen sexueller Mißbrauch bei den Betroffenen hinterläßt. Ihr Ziel war es zu verdeutlichen, daß der Aufarbeitungsprozeß von den Betroffenen zu bestimmen ist, dem die Therapeuten zu folgen haben.

Anmerkung

§ 179 Strafgesetzbuch (StGB) bezieht sich speziell auf „sexuellen Mißbrauch Widerstandsunfähiger" :

§ 179
(1) Wer einen anderen, der
1. wegen einer krankhaften seelischen Störung, wegen einer tiefgreifenen Bewußtseinsstörung oder wegen Schwachsinns oder wegen einer schweren anderen seelischen Abartigkeit zum Widerstand unfähig ist oder
2. körperlich widerstandsunfähig ist,
dadurch mißbraucht, daß er unter Ausnutzung der Widerstandsunfähigkeit außereheliche sexuelle Handlungen an ihm vornimmt oder an sich von dem Opfer vornehmen läßt, wird mit Freiheitsstrafe bis zu fünf Jahren oder mit Geldstrafe bestraft.

(2) Wird die Tat durch Mißbrauch einer Frau zum außerehelichen Beischlaf begangen, so ist die Strafe Freiheitsstrafe von einem Jahr bis zu zehn Jahren, in minder schweren Fällen Freiheitsstrafe von drei Monaten bis zu fünf Jahren.

Literatur

Bange, D.: Die dunkle Seite der Kindheit. Sexueller Mißbrauch an Mädchen und Jungen. Ausmaß-Hintergründe- Folgen, Köln 1992

Bank-Mikkelsen, N.E. /Berg, E.: Das dänische Verständnis von Normalisierung, in: Vereinigung Integrationsförderung (Hg.): Behindernde Hilfe oder Selbstbestimmung der Behinderten, München 1982

Barwig, G./Busch, C: Unbeschreiblich weiblich? München 1993

Bienstein, Ch./ Fröhlich, A.: Basale Stimulation in der Pflege, Düsseldorf 1991

Braecker, S/Wirtz-Weinrich, W.: Sexueller Mißbrauch an Mädchen und Jungen, Weinheim/Basel 1992

Brenner, G./Grubauer, F. (Hg.): Typisch Mädchen? Typisch Junge?, Weinheim/München 1991

CeBeeF Schweiz (Hg.): Sexuelle Ausbeutung bitterzart, Luzern 1992

Corbin, A. (Hg.): Die sexuelle Gewalt in der Geschichte, Berlin 1992

Enders, U. (Hrsg.): Zart war ich, bitter war's. Sexueller Mißbrauch an Mädchen und Jungen, Köln 1990

Freud, S.: Drei Abhandlungen zu Sexualtheorien, Frankfurt a.M. 1979

Fricker, R./Lerch, J.: Zur Theorie der Sexualität und der Sexualerziehung, Weinheim/Basel 1976

Greven, S.: Partnerschaft und Sexualität geistig behinderter Menschen. Fachhochschule Düsseldorf, Fachbereich Sozialpädagogik 1993

Haeberle, E.: Die Sexualität des Menschen, Berlin/New York 1983

Leontjew, A.N.: Tätigkeit, Bewußtsein, Persönlichkeit, Köln 1982

Leyendecker, C.: Stichworte zum Thema „Behinderte und Helfer: Möglichkeiten und Probleme der Interaktion", in: Specht, F/Weber, M (Hg.): Kinder in unserer Gesellschaft, Göttingen 1979

Matthesius, R: Internationale Klassifikation der Schädigungen; Behinderungen und Beeinträchtigungen, Berlin 1990

Mühlum, A./Oppl, H.: Handbuch der Rehabilitation, Neuwied u.a. 1992
Nelder, S.: Sexuelle Gewalt an Menschen mit geistiger Behinderung, in: Geistige Behinderung 32. Jg., 3/1993

Reger, R.: Sexueller Mißbrauch an Mädchen, sexueller Mißbrauch an behinderten Mädchen, in: Initiative Münchener Mädchenarbeit (IMMA), Arbeit mit behinderten Mädchen und Frauen, München 1992

Senn, C.Y.: Gegen jedes Recht. Sexueller Mißbrauch und geistige Behinderung , Berlin 1993

Sobsey, D./Mansell, S.: the prevention of sexual abuse of people with developmental disabilities, in: Developemental Disabilities Bulletin 18/2/1990/ 51

Thomasky, I.: Lernziel Zärtlichkeit, Weinheim/Basel 1981

Voss, A./Hallstein, M.: Menschen mit Behinderungen. Berichte, Erfahrungen, Ideen zur Präventionsarbeit, Schriftreihe sexueller Mißbrauch, Ruhnmark 1993

Walter, J.: Zur Sexualität geistig Behinderter, Rheinstetten 1980

Walter, J (Hg.): Erwachsensein und Sexualität in der Lebenswelt geistig behinderter Menschen, Heidelberg 1987

Westcott, H.: the abuse of disabled children: a review of literature, in: Child: Care, Health + Deveplopment 7/4/1991/243

Wittrock, M.: Sexueller Mißbrauch an Kindern, in: Sozialmagazin 15/11/1990

DIE SEXUELLE GEWALT GEGEN BEHINDERTE FRAUEN. RECHTLICHE ASPEKTE

Theresia Degener

I. Das bundesdeutsche Strafrecht und die Frauenwürde

Der unermüdlichen, beharrlichen Öffentlichkeitsarbeit der Frauenbewegung ist es zu verdanken, daß das Thema der sexuellen Gewalt gegen Frauen heute in der Öffentlichkeit diskutiert wird, daß in informierten Kreisen Vergewaltigung nicht mehr als Kavaliersdelikt oder als sexuelle Triebtat sondern als schärfste Form der männlichen Frauenverachtung, als Ausdruck der herrschenden Machtverhältnisse zwischen Männern und Frauen verstanden wird.

Auch Frauengruppen waren es, die auf die frauenfeindliche Atmosphäre in den Gerichtssälen und auf den Polizeistationen aufmerksam gemacht haben, mit der Folge, daß jedenfalls in Teilbereichen der Justiz eine Sensibilisierung erfolgte. Wer heute Vergewaltigungsprozesse verfolgt, weiß jedoch, wie mager sich diese „Erfolge" im konkreten Einzelfall auswirken. Von den meisten Frauen wird ein Vergewaltigungsprozeß nach wie vor als „zweite Vergewaltigung" empfunden.

Nicht nur, daß die Prozesse zahlenmäßig durch Männer dominiert werden: Eine Nürnberger Untersuchung über Sexualstrafprozesse aus dem Jahre 1985 ergab z.b. folgende Statistik: Männer führen immer den Vorsitz in diesen Prozessen; von den beisitzenden Richtern sind 90% Männer und die Staatsanwaltschaft besteht zu 90% aus Männern; die Verteidigung wird zu 68,5% von Männern übernommen. Etwas besser sieht es nur bei den Schöffen und Schöffinnen aus; hier stellen die Männer nur eine Mehrheit von 57%. (Schliermann, B., Der Vergewaltigungsprozeß, Konkret Literatur 1993).
Neben der nominalen Dominanz wirkt sich Männerherrschaft auch in allen anderen Bereichen aus. Frauenfeindlich ist bereits das deutsche Sexualstrafrecht mit seinen diversen Straftatbeständen, die angeblich das sexuelle Selbstbestimmungsrecht der Frau schützen sollen. Als Vergewaltigung im Sinne des Strafgesetzbuches gilt nur die erzwungene vaginale Penis-Penetration. Eine er-

zwungene anale, orale oder sonstige Penetretation wird lediglich als sexuelle Nötigung qualifiziert, deren Strafmaß geringer ist.

Vergewaltigung in der Ehe gibt es nach dem Strafgesetzbuch überhaupt nicht. Nicht ohne Grund wird daher in feministischen Kreisen der wahre Zweck des deutschen Vergewaltigungsstrafrechts in der Verhinderung unerwünschter Schwangerschaften vermutet.

Frauenfeindlich ist auch der vom Bundesgerichtshof entwickelte Gewaltbegriff, der den Sexualstrafdelikten zugrundegelegt wird. Als Gewalt werden nur solche Handlungen des Täters qualifiziert, die eine erhebliche körperliche Kraftentfaltung und -wirkung haben. Psychische Gewalt (wie z.B. die Ausnutzung einer hilflosen Lage, das Versperren des Weges, etc.) wird nur ausnahmsweise als Gewalthandlung qualifiziert. Dies steht übrigens im krassen Gegensatz zu den bekannten Blockade-Prozessen der Friedensbewegung. Dort wurde der Gewaltbegriff des (einfachen) Nötigungstatbestand ganz anders ausgelegt. Das bloße Sitzen vor der Einfahrt eines Munitionsdepots, aus der Munitionstransporter herausfahren wollten, wurde in diesen Prozessen bereits als strafbarer Gewaltakt bewertet.

Eine weitere frauenfeindliche Anwendung des Sexualstrafrechts läßt sich im sogenannten subjektiven Bereich des Vergewaltigungstatbestandes ausmachen. Nach dem deutschen Strafrecht setzt die Bestrafung eines Vergewaltigers voraus, daß er den Straftatbestand objektiv und subjektiv erfüllt hat. Subjektiv heißt dabei, der Täter muß gewußt und gewollt eine Frau vergewaltigt haben. (Das gleiche gilt für den Tatbestand der sexuellen Nötigung und die übrigen Sexualstrafdelikte, die hier im einzelnen nicht aufgeführt werden). Viele Täter, insbesondere jene, die aufgrund eindeutiger Indizien, wie Verletzungen der Frau, Spermaspuren, etc., nicht abstreiten können, daß es überhaupt zu sexuellen (Gewalt)handlungen gekommen ist, berufen sich im Prozeß darauf, nicht gewußt zu haben, daß die Frau nicht gewollt habe. Objektiv sei zwar eine Vergewaltigung erfolgt, aber dies sei nicht vorsätzlich geschehen. Die Vergewaltigung beruhe sozusagen auf einem Mißverständnis. Diese frauenfeindliche Interpretation basiert auf der patriachalischen Klischeevorstellung, eine Frau meine „ja", wenn sie „nein" sage, bzw. dem weiteren Vorurteil, daß Frauen gerne sexuell erobert würden, und daß sie dabei auch gerne etwas Gewalt in Kauf nähmen. Die Juristen nennen dies „vis haud ingrata" (nicht unwillkommene Gewalt)! Wer glaubt, diese mittelalterliche Klischeevorstellung sei nun mit der Reform des Sexualstrafrechts in den 70er Jahren ausgestorben, begebe sich in Gerichtsverhandlungen! Die Frage der irrtümlichen Annahme, die Frau habe trotz Gegenwehr sexuelle Handlungen seitens des Täters gewollt, wird auch heute noch in fast jedem Vergewaltigungsprozess untersucht. Kann dem Täter ein Vorsatz nicht nachgewiesen werden, geht er straffrei aus, denn die „fahrlässige" Vergewaltigung ist nicht strafbar.

Das Konstrukt der „vis haud ingrata" bedeutet, daß die betroffene Frau im Vergewaltigungsprozeß nicht nur beweisen muß, daß sie sich überhaupt gewehrt hat, sondern auch, daß sie sich „richtig", d.h. für den Täter eindeutig und unzweifelhaft gewehrt hat. Nicht selten werden dabei eindeutige Verletzungsspuren als Beweismittel verlangt.

Signifikant unterscheidet sich der Vergewaltigungsprozess von anderen Strafprozessen dadurch, daß hier Vorurteile gesellschaftlicher Klischee- und Moralvorstellungen eine ungleich bedeutendere Rolle spielen. Im Mittelpunkt des gerichtlichen Interesses steht das Verhalten der Frau, des Opfers. Weit mehr als beim Täter wird bei ihr nach Fehlverhaltensweisen gefahndet, die den Täter „provoziert" haben könnten, oder ein Mißverständnis im o.g. Sinne (Stichwort: „fahrlässige Vergewaltigung") verursacht haben könnten. Dabei wird häufig der Lebenswandel der Frau (geht sie häufig allein in Diskotheken?, trinkt sie öfter Alkohol?) und insbesondere ihr Sexualleben (war sie noch Jungfrau?, hat sie wechselnde Bekanntschaften mit Männern?) beleuchtet. Es kommt dabei nicht selten vor, daß sich die Frau für alltägliche Verhaltensweisen rechtfertigen muß, weil sie später vergewaltigt wurde. (Beispiele: Warum hat sie mit ihm ein Gespräch angefangen, obwohl sie sah, daß er alkoholisiert war? Warum hat sie mit ihm eng getanzt? Warum hat sie sich von ihm nach Hause fahren lassen? Warum ist sie mit ihm in die Wohnung gegangen?) Demgegenüber wird das Fehlverhalten des Täters, sein Lebenswandel, seine Moralvorstellung und sein Verhältnis zu Frauen äußerst selten diskutiert. Wenn doch, dann zur Entlastung des Täters. (Beispiel: War er vielleicht vermindert schuldfähig, weil sein Verhältnis zu Frauen neurotisch ist und er zum Zeitpunkt der Tat ausgeklinkt ist?)

Es gibt allerdings, das muß wohl an dieser Stelle angefügt werden, nicht den typischen Vergewaltigungsprozeß, weil die Prozeßführung absolut von dem jeweiligen Richter abhängt. Je nach Einstellung des Richters wird das Verhalten der Frau so oder so bewertet. Es läßt sich daher kaum vorhersagen, ob das Verhalten der Frau seitens des Gerichts als „richtig" oder „falsch" bewertet wird. Es gibt Prozesse, in denen der Frau vorgeworfen wird, sich trotz Aussichtslosigkeit der Lage, nicht heftiger gewehrt zu haben und es gibt Prozesse, in denen das gleiche Verhalten als „weise" und damit als Anhaltspunkt für die „Glaubwürdigkeit" der Frau gewertet wird. Es gibt allerdings strukturelle Gemeinsamkeiten in Vergewaltigungsprozessen und eine davon ist die Suche nach der „Mitschuld" oder sogar „alleinigen Schuld" der Frau. In keinem anderen Strafprozess wird derartig penibel nach Fehlverhalten des Opfers gesucht, und zwar unabhängig davon, ob es eindeutige Verletzungsspuren bei der Frau gibt, ob der Täter geständig ist, ob die Tat versucht oder vollendet wurde.

II. Behinderte Frauen als Opfer sexueller Gewalt und das bundesdeutsche Strafrecht

Was bedeutet dies nun für behinderte Frauen, die Opfer einer Vergewaltigung im weiteren Sinne wurden?

Es gibt im deutschsprachigen Raum m.W. noch keine Statistik, in der behinderte Frauen als Opfer sexueller Gewalt berücksichtigt werden. Von amerikanischen und britischen Untersuchungen (z.B. Kennedy, M. The Abuse of Deaf Children. child abuse review, spring England, 1989, Stimpson, L./ Best, M.C. Courage Above All. Sexual Assault Against Women With Disabilities. Disabled Women's Network - Toronto, Canada, 1991; The McCreary Centre Societ,v, Sexual Abuse and Young People with Disabilities Project: Result and Recommendations, Vancouver, Canada 1993) wissen wir aber, daß behinderte Frauen besonders häufig Opfer sexueller Gewalt werden. Bei gehörlosen oder geistigbehinderten Frauen ist die Betroffenenquote erschreckend hoch. Dennoch gibt es nur wenig Prozesse, in denen die Vergewaltigung einer behinderten Frau verhandelt wird. Ein Grund dafür muß in der faktischen Unzugänglichkeit der Polizei oder auch von Notrufgruppen für behinderte Frauen gesehen werden. Viele werden in Sondereinrichtungen und Heimen vergewaltigt, in denen die alltägliche Kontrolle total ist. Ist dies nicht der Fall, dann sorgen architektonische oder kommunikative Barrieren dafür, daß die Frau sich weder an Notrufgruppen noch an Polizeidienststellen wenden kann.

Die von Vorurteilen, Klischee- und Moralvorstellungen geprägte Atmosphäre im Gerichtssaal wirkt sich für behinderte Frauen in doppelter Hinsicht in ihrer Rolle als Frau und als Behinderte aus. Zu den o.g. frauenfeindlichen Vorurteilen gesellen sich insbesondere folgende Behindertenklischees:

- Behinderte Frauen haben keine Sexualität. Sexuelle Selbstbestimmung ist deshalb gar nicht möglich.
- Behinderte Frauen (insbesondere geistig behinderte) haben eine animalische Sexualität. Ihr Sexualverhalten ist unkontrolliert. Sie schmeißen sich jedem Mann an die Brust.
- Vergewaltigung ist bei behinderten Frauen nicht möglich, denn: Sie würde niemals nein sagen. Für sie interessiert sich sowieso keiner.
- Sexuelle Gewalt gegen behinderte Frauen ist nicht so schlimm, denn die wenigsten verstehen ja, was mit ihnen geschieht.

Diese Vorurteile wirken sich im Einzelfall beispielsweise dahingehend aus, daß die Strafanzeige einer behinderten Frau nicht ernst genommen wird. Es kommt häufig gar nicht zur Hauptverhandlung, weil die Staatsanwaltschaft das Verfahren einstellt. Im Prozess wird sodann besonders akribisch die Glaubwürdigkeit und zusätzlich der Geisteszustand der Frau untersucht und zwar unabhängig davon, welche Behinderung sie hat. Ich habe Prozesse erlebt, wo eine körperbehinderte Frau dem Gericht erklären mußte, was sie unter Vergewaltigung und was sie unter Geschlechtsverkehr versteht. In einem anderen Fall erntete der Täter ein verständliches Nicken vom vorsitzenden Richter als er sagte: „Herr Richter, diese Frau wäre die Letzte, mit der ich ins Bett gehen würde."

Die Bewertung des Verhaltens der Frau durch die Richter nimmt mitunter groteske Züge an. Nichtbehinderte Männer entscheiden im Nachhinein, wie sich die Frau hätte verhalten sollen und können. Die Behinderung wird dem Täter, nicht dem Opfer zugute gehalten. Ist sie sprachbehindert wird verlangt, daß sie dem Täter durch besonders heftigen körperlichen Widerstand gezeigt hat, daß sie nicht wollte. Kann sie nicht weglaufen, wird verlangt, daß sie auf den Täter besonders überzeugend einredet. Rechtlich ist für behinderte Frauen oft ein Straftatbestand relevant, der den sexuellen Mißbrauch Widerstandsunfähiger unter Strafe stellt (§ 179 StGB). In der Kommentarliteratur und auch von der Rechtsprechung wird der Begriff der Widerstandsunfähigkeit allerdings äußerst eng ausgelegt. Als körperlich widerstandsunfähig gilt eine Frau erst, wenn sie sich fast überhaupt nicht mehr bewegen kann. Als psychisch widerstandsunfähig gilt eine Frau, wenn sie überhaupt keinen Widerstandswillen entwickeln kann. Die tatsächliche Lebenssituation behinderter Frauen wird von den RichterInnen häufig völlig ignoriert. Obgleich das Strafgesetzbuch mit den Straftatbeständen des sexuellen Mißbrauchs von AnstaltsinsassInnen (§ 174 a StGB) sowie der körperlichen Mißhandlung von Schutzbefohlenen (§ 223 b StGB) die sexuelle Gewalt und Ausbeutung von behinderten Frauen in Sondereinrichtungen verschärft unter Strafe stellt, sind diese Frauen zugleich sichere Opfer für die Täter. Denn in der Realität endet die polizeiliche und staatsanwaltliche Ermittlungstätigkeit regelmäßig an den Anstalts-, Wohnheim- oder Werkstattmauern.

Es kann also heute behauptet werden, daß behinderte Frauen faktisch gegen Vergewaltigung und sexuelle Ausbeutung strafrechtlich nicht geschützt sind. Zur Verdeutlichung möchte ich an dieser Stelle einen Auszug aus einem Prozeßbericht vorlesen, den ich 1987 für die EMMA (Nr. 8/87, S. 11) schrieb:

„In Marburg hat es eine geistig behinderte junge Frau nun doch gewagt, ihren Vergewaltiger anzuzeigen. Wieder einmal ohne Erfolg. Zwar war der Prozeß vor der Ersten Strafkammer des Landgerichts Marburg keiner der typischen offen frauen- und behindertenfeindlichen Vergewaltigungsprozesse. Die Richter glaubten der Frau den Tathergang; sie glaubten ihr auch ihre Weigerung. Dennoch wurde der Täter freigesprochen. Es bestehe eine „Strafbarkeitslücke" befand die Kammer. Und um zu dieser Rechtsauffassung zu gelangen wurden wahrhaft juristische Seiltänze vollführt.

Angeklagt war ein Tierheimleiter, die „unter seiner Obhut" arbeitende geistig behinderte Praktikantin Moni S. (Name geändert) über einen längeren Zeitraum mindestens viermal vergewaltigt zu haben. Viel körperliche Gewalt brauchte er nicht anzuwenden, um an sein Ziel zu gelangen; denn Moni S. hatte zwar „nein" gesagt, aber nicht gewagt, sich körperlich zu wehren.

Hinter ihr lag eine 16jährige Heimkarriere, in der sie oft genug für „renitentes Verhalten" bestraft worden war. Widerstand hatte für sie stets zu einer Verschlechterung ihrer Situation geführt. Außerdem stand ihre gerade seit einem Jahr währende Freiheit (außerhalb des Heims in ambulanter Betreuung) auf dem Spiel. So genügte schon die Drohung: „Wenn du es deinem Freund oder deinen Betreuern sagst, passiert was", um Moni S. „gefügig" zu machen und sie lange Zeit schweigen zu lassen.

Die Beweislage war also denkbar schlecht, zumal der Angeklagte die Taten bestritt. Dennoch kam die Kammer zu der Überzeugung: „daß der Angeklagte die Zeugin ... in der von ihr geschilderten Art und Weise gegen ihren tatsächlichen Willen sexuell mißbraucht hat." Aber: Das Verhalten des Täters war für die Kammer keines,"das die Grenze zur Strafbarkeit bereits überschreitet". Keine Vergewaltigung also, nicht einmal sexuelle Nötigung.

Zentrale Fragen der Beweisaufnahme waren, ob Moni S. im Sinne der Rechtsprechung „widerstandsunfähig" war; wenn ja, ob sie genügend Widerstand geleistet hatte, damit der BGH-Gewaltbegriff erfüllt war; oder ob ihr Widerstand wegen „Drohung für Leib und Leben" nicht zuzumuten war. Für die Kammer war keine dieser Fragen zu bejahen.

Widerstandsunfähig war Moni S. nach ihrer Auffassung nicht, weil sie deutlich und wiederholt „nein" gesagt hatte. Damit hatte sie einen Willen bekundet, den sie nach juristischer Logik nicht hätte haben dürfen: „Widerstandsunfähigkeit in diesem Sinne würde voraussetzen, daß die Zeugin aufgrund ihrer Intelligenzschwäche nicht in der Lage gewesen wäre, einen ausreichenden Widerstandswillen gegen die sexuellen Ansinnen des Angeklagten zu bilden, zu äußern oder zu betätigen." Anders ausgedrückt: Für eine „Widerstandsunfähige" hat sich Moni S. einfach zu intelligent verhalten.

Ihr klares „Nein" genügte den Richtern auf der anderen Seite jedoch nicht als ausreichende Gegenwehr; obwohl Moni S. gut begründen konnte, warum sie sich nicht körperlich zur Wehr setzen konnte: „Sie habe viel zu viel Angst gehabt", heißt es in der Urteilsbegründung. „Sie habe nicht gewußt, wie sie sich wehren solle, sie habe das nicht gelernt. Es sei schließlich auch niemand dagewesen, von dem sie hätte Hilfe erwarten können. Die Kinder des Angeklagten seien zur Schule und seine Ehefrau zum Einkaufen gewesen."

Das aber reichte den Richtern nicht aus. In der Drohung des Täters: „sonst passiert was" konnten sie keine „Gefahr für Leib und Leben" erkennen und somit keinen Grund für Moni S.' lähmende Angst. Ihre verhaltensprägende Heimkarriere, ihre Angst wieder dort zu landen und die Autorität des Täters (als Tierheimleiter, als Arbeitgeber) zogen die Richter nicht in Betracht.

Denn in Worte fassen konnte Moni S. diese Hintergründe nicht. Auf die Frage, was der Angeklagte mit der Drohung „sonst passiert was" wohl gemeint habe, konnte sie keine Antwort geben. So wurde ihre Behinderung - ihre Unfähigkeit, Ängste in Worten auszudrücken - doch wieder dem Täter und nicht ihr, dem Opfer zugute gehalten.... ". Das Urteil des Landgericht Marburg wurde später vom Bundesgerichtshof bestätigt und ist somit rechtskräftig.

Dieses Urteil, sowie die vorhergehenden Ausführungen wird die meisten von Ihnen frustrieren. Ich möchte hier jedoch nicht mißverstanden werden. Trotz oder gerade wegen der traurigen strafrechtlichen Lage behinderter Frauen, halte ich es für außerordentlich notwendig, daß rechtliche Schritte gegen jede Art von Vergewaltigung und sexueller Ausbeutung unternommen werden. Erst wenn Kriminalbeamte, Staatsanwälte und Richter immer wieder mit behinderten Opfern konfrontiert werden, werden sich die Zustände, die überwiegend auf Ignoranz und Vorurteilen zurückzuführen sind, ändern. Erst dann werden Fortbildungen im Bereich sexueller Gewalt gegen behinderte Frauen ernst genommen und im größeren Stil nachgefragt werden.

Dieses Ziel darf jedoch niemals gegen oder auch nur ohne den Willen der betroffenen Frau verfolgt werden. Ein Vergewaltigungsverfahren bedeutet eine ungeheure Anstrengung für die Frau und wird zu recht oft als „zweite Vergewaltigung" bezeichnet. Ähnliches gilt für Prozesse über sexuelle Ausbeutung von behinderten Kindern und geistig behinderten Frauen. Die fast unüberwindlichen Beweishürden, die furchtbare Untersuchung durch psychologische GutachterInnen - die in der Regel in Bezug auf Behinderung völlig inkompetent sind -, sowie die unfreundliche und angsteinflößende Gerichtsatmosphäre können zusätzliche Traumata auslösen und Schäden anrichten. Gleichwohl kann auch ein Prozess, der mit einem Freispruch für den Täter endet, der betroffenen Frau die Möglichkeit bieten, das Erlebte jedenfalls ansatzweise zu verarbeiten. Das war z.B. in Monis Prozess der Fall, in dem alle Bekannten, Betreuer und Betreuerinnen,

ArbeitskollegInnen und MitbewohnerInnen wirklich hinter ihr standen und ihr während der gesamten Verfahrensdauer den Rücken stärkten. Es war vermutlich das erste Mal in ihrem Leben, daß ihr soviel Solidarität zuteil wurde und von allen Seiten wurde ihr bestätigt, wie mutig sie doch sei. Ob ein Strafverfahren ein sinnvoller Schritt ist, hängt von vielen Faktoren ab. Eine wichtige Bedingung, die Position des Opfers zu stärken, ist die Beauftragung einer Rechtsanwältin zu einem möglichst frühen Zeitpunkt. Das gilt auch, wenn kein Strafverfahren eingeleitet werden soll, sondern zivilrechtliche Schritte zum Schutz der Betroffenen, etwa gegen die Eltern, gesetzliche Vertreter oder BetreuerIn, ergriffen werden sollen. Das Zivilrecht, und insbesondere das neue Betreuungsrecht, bietet hier vielfaltige Möglichkeiten, dem betroffenen Mädchen oder der Frau Schutz zu bieten und gleichzeitig ihre Subjektstellung als Person zu wahren. Voraussetzung ist ein sorgsam geplantes und umsichtiges Vorgehen unter der Prämisse der absoluten Parteilichkeit und Solidarität mit dem Opfer.

Das bedeutet auch, daß das Argument der Vorsicht nicht dazu mißbraucht werden darf, nichts zu unternehmen, weil der gute Ruf der Institution geschützt werden soll oder weil rechtliche Maßnahmen aussichtslos erscheinen. Eltern, BetreuerInnen, Jugend- und Betreuungsämter und auch MitarbeiterInnen in Einrichtungen sind verpflichtet, ihnen „anvertraute" behinderte Personen gegen sexuelle Ausbeutung zu schützen. Unter Umständen machen sie sich wegen Beihilfe strafbar, wenn sie nichts unternehmen. Das bedeutet nicht, daß diese Personen zur Strafanzeige verpflichtet sind, wenn sie von einer Vergewaltigung erfahren (obwohl jede und jeder dazu berechtigt ist, auch wenn die Heimleitung andere Anordnung gibt!). Niemand - auch nicht Jugend- oder Betreuungsämter - ist verpflichtet, eine Vergewaltigung oder sexuelle Ausbeutungstat anzuzeigen. Aber es müssen Schritte zum Schutz der Betroffenen unternommen werden, seien sie zivilrechtlicher, strafrechtlicher oder nichtrechtlicher Art.

DAS MODELLPROJEKT „PEER SUPPORT FÜR BEHINDERTE FRAUEN" DES ZENTRUMS FÜR SELBSTBESTIMMTES LEBEN, KÖLN

Christiane Schneider

Seit Oktober 1993 ist im Zentrum für selbstbestimmtes Leben (ZsL) das Modellprojekt „Peer Support für behinderte Frauen" eingerichtet. Es bietet innerhalb der Beratungsstelle für behinderte Menschen ganzheitliche parteiliche Angebote speziell für behinderte Frauen durch behinderte Frauen an.

Es wird finanziell gefördert von der Stiftung Wohlfahrtspflege und dem Ministerium für Arbeit, Gesundheit und Soziales des Landes NRW.

Bevor ich zu der Vorstellung des Modellprojekts komme, möchte ich kurz etwas zu meiner Vorgehensweise sagen:

Ich werde das Thema der sexuellen Gewalt nicht in einem Extrapunkt behandeln.

Sexuelle Gewalt ist nicht abgetrennt von der Gesamtsituation behinderter Frauen zu sehen. Sexuelle Gewalt ist eine massive Variante der Grenzüberschreitung, Machtausübung und Persönlichkeitsverletzung neben anderen, der behinderte Frauen ausgesetzt sind. Diese erlebten Grenzüberschreitungen wirken sich deutlich auf die gesamte Lebenssituation der behinderten Frau aus.

Die Ziele und Angebote des Modells müssen daher immer ganzheitlich gesehen werden, auch wenn sie getrennt aufgezählt werden.

Zur Verdeutlichung werde ich an entsprechender Stelle auf das Thema sexuelle Gewalt hinweisen.

Die Situation behinderter Frauen

Behinderte Frauen sind aufgrund ihres Frauseins und ihres Behindertseins in wesentlichen Bereichen des Lebens von Aussonderung, Herabwürdigung und Vorenthaltung von Lebenschancen betroffen. Diese besondere Form der

Benachteiligung - oft auch „doppelte Diskriminierung genannt" - zeigt sich z.b. in den folgenden Bereichen:

- Behinderte Frauen werden oft nicht als Frau anerkannt
- eine individuelle Lebensgestaltung z. B.: Single, Partnerschaft (lesbisch oder hetero), Mutterschaft (alleinerziehend oder in Partnerschaft), Familie, ist schwer für sie zu realisieren
- eine bestimmte Ausbildung, eine eigene Erwerbstätigkeit und beruflicher Erfolg sind sehr schwer zu erreichen
- pflegeabhängigen Frauen werden oft nur männliche Hilfspersonen angeboten
- viele behinderte Mädchen und Frauen sind sexueller Ausbeutung und Gewalt ausgesetzt.

Dazu kann ich aus meiner Beratungsarbeit sagen: Bei der Auseinandersetzung mit Frauen, die von sexueller Gewalt bertroffen sind, habe ich mich anfangs sehr hilflos gefühlt (Aktionismus, Betroffenheit, Wut). Mit zunehmender Auseinandersetzung mit meinen eigenen Gefühlen und dem Thema sexuelle Gewalt gegen behinderte Frauen habe ich gelernt, ihnen angemessen begegnen zu können und sie zu unterstützen. Das bedeutet z.b., daß ich aushalten muß, daß nicht ich die Situation der betreffenden Frau ändern kann, sondern es ihr überlassen muß, wann und was sie zur Veränderung der Situation beiträgt.

Modellprojekt

Aus dieser spezifischen Lebenssituation behinderter Frauen ergibt sich die Notwendigkeit eines speziellen Angebots.

Das Modellprojekt „Peer Support für behinderte Frauen" bietet ein solches Angebot für Frauen mit Behinderung durch Frauen mit Behinderung an.

Der Begriff „*Peer Support*" stammt aus dem Amerikanischen und bedeutet sinngemäß „Unterstützung in Richtung einer selbstbestimmten Lebensweise durch Menschen, die in ähnlicher Weise von Problemen betroffen sind ".

Ziel unserer Arbeit ist die Unterstützung und Aktivierung einer möglichst selbstbestimmten Lebensführung behinderter Frauen unter Berücksichtigung ihrer spezifischen Lebenssituation. Das bedeutet, so zu leben, daß sie jederzeit in der Lage sind, freigewählte und selbstverantwortete Entscheidungen zu treffen.

Dazu gehören:

A: Schaffung von äußeren Faktoren:
- selbstgewählte Lebensform und deren Gestaltung z. B Wohnsituation
- Sicherstellung von Mobilität
- optimale Ausstattung von Hilfsmitteln
- Sicherstellung der persönlichen Pflege durch persönliche Assistenz; „Persönliche Assistenz" beinhaltet die von Behinderten selbst organisierte und angeleitete Unterstützung zur Bewältigung von alltäglichen Anforderungen und Teilhabe am gesellschaftlichen Leben. Sie stellt eine Erweiterung an Selbstbestimmung für die Betroffenen dar. Die Anstellung der AssistentInnen basiert dabei auf tariflicher Entlohnung.
  Das Assistenzmodell schafft für behinderte Frauen die Möglichkeit, weibliche Assistentinnen für die Pflege auszuwählen und einzustellen. Mit herkömmlichen Pflegeorganisationen z.B. dem „Zivi-Modell" ist dies nicht gewährleistet.
- Existenzsicherung durch Berufstätigkeit in der freien Arbeitswelt,
- Zugänglichkeit von Frauenschutzräumen

B: Schaffung von psychosozialen Faktoren:
- Identitätsfindung als behinderte Frau
- ein positives Frauen-Körperbewußtsein
- individuelle Lebenskonzepte
- Selbstwahrnehmung und Selbstbewußtsein
- Prävention von und Verhaltensstrategien gegen sexuelle Gewalt d. h. Wahrnehmung von Gefühlen und Bedürfnissen, Ernstnehmen der Gefühle, Auseinandersetzung, Äußern und Durchsetzen, Nein-Sagen, Grenzen aufzeigen

Bei dieser Aufzählung wird deutlich, daß jeder Aspekt zur Verhinderung von und zur Vermeidung fortgesetzter sexueller Gewalt beiträgt.

Zur Erreichung dieser Ziele stellen wir folgende Angebote zur Verfügung:

1. Beratung und Begleitung

Das wichtigste Element des Peer Support ist das Peer Counseling, d. h. Beratung behinderter Frauen von behinderten Frauen. Die Beraterinnen kennen die Probleme behinderter Frauen aus eigener Erfahrung und können sich daher gut in die Situation der Gesprächspartnerinnen hineinfühlen und -denken.

Hierbei wird darauf geachtet, daß Ratsuchende möglichst durch eine Mitarbeiterin beraten werden, die ähnlich betroffen ist oder ähnliche Erfahrungen hat. Ratsuchende bekommen so einen Einblick in die Bewältigungsstrategien der Beraterin und können in ihrer Motivation gestärkt werden.

Das Thema „sexuelle Gewalt" spielt dabei eine besondere Rolle und kann mit einer behinderten Frau besser besprochen werden; denn auch behinderte Männer sind potentielle Täter.

Die Qualität unserer Beratung ergibt sich aus der Verbindung von Betroffenheit und Professionalität. Daher reicht die eigene Betroffenheit der Mitarbeiterinnen nicht aus. Die Beraterinnen sind ausgebildete Fachkräfte und verfügen neben umfassenden Sachkenntnissen über eine psychologische Zusatzausbildung.

Die persönliche Beratung/Begleitung beinhaltet sowohl Sach- und Fachberatung als auch psychosoziale Beratung. Sie ist eine ganzheitliche parteiliche Lebensberatung für behinderte Frauen, bei der die ganze Person mit ihrer ganz individuellen Lebenssituation berücksichtigt wird.

Bei einem Prozeß der Lebensveränderung kann es notwendig werden, daß Mitarbeiterinnen über einen längeren

Zeitraum (im Einzelfall auch über mehrere Jahre) Ratsuchende beratend und motivierend begleiten.

2. Gruppenangebote

Gesprächskreise und Seminare bieten die Möglichkeit zum Erfahrungsaustausch.

An diesen Angeboten kann jede behinderte Frau, die sich über ihre Probleme mit anderen Betroffenen austauschen möchte, teilnehmen.

Dieser Austausch hat entlastende und stabilisierende Wirkung auf die Gruppenmitglieder:

Entlastung entsteht dann, wenn die Gruppenmitglieder erkennen, daß ihre Schwierigkeiten keine „Exklusivprobleme" darstellen, sondern von anderen behinderten Frauen ähnlich erlebt werden.

Stabilisierung entsteht durch den regelmäßigen Austausch von Erfahrungen. Erlebte Situationen und bedrückende Erfahrungen können hier mit vertrauten Personen besprochen und neue Handlungsstrategien gemeinsam entwickelt werden.

Wir initiieren und unterstützen Arbeits- und Selbsthilfegruppen, die sich zu verschiedenen Schwerpunkten der Problematik behinderter Frauen zusammenfinden. Hier soll eine Solidarisierung von Betroffenen gefördert werden, um ihr Streben nach Selbstvertretung und Selbstbestimmung zu ermutigen. Themen können sein: Schwangerschaft/Mutterschaft, Neue Eugenik, behinderte Lesben.

Diese Arbeitsgruppe können nach Bedarf um weitere Gruppen mit anderen Themen ergänzt werden.

Weiterbildungs- und Trainingskurse wie z.B. Selbstverteidigungskurse und Schulungen zur Selbstorganisation *persönlicher Assistenz* bieten die Möglichkeit, Fähigkeiten zu erwerben, die eine selbstbestimmte Lebensgestaltung unterstützen.

Um auf Gewalt - insbesondere sexuelle Gewalt - gegen behinderte Frauen angemessen reagieren zu können, bieten wir die Möglichkeit, in einem Selbstbehauptungs- und Selbstverteidigungskurs spezielle Techniken zu erlernen. Dabei spielt die Erfahrung, sich verbal und körperlich trotz Behinderung gezielt wehren zu können, eine wichtige Rolle; sie gibt Selbstvertrauen und trägt zu einem sichereren Gefühl und Auftreten bei.

Behinderte Frauen, die eine selbstbestimmte Organisation der *persönlichen Assistenz* und die Ausübung der Arbeitgeberinposition wünschen, werden vor neue Aufgaben und Anforderungen gestellt. Um ihnen gerecht zu werden, sind praktische Hilfen und Schulungen erforderlich z.B. in Form eines Personalmanagementkurses.

3. Gremienarbeit

Die Initiierung von und die Teilnahme an Gremien und Arbeitskreisen ist notwendig, um die Prinzipien des selbstbestimmten Lebens für behinderte Frauen zu verbreiten und zu vertreten.

Der Besuch nationaler, regionaler und internationaler Tagungen sowie Initiativentreffen im Behinderten- und Frauenbereich sind notwendig, damit die Mitarbeiterinnen neue Anstöße und Entwicklungen in ihre Arbeit aufnehmen können und sich immer wieder erneut mit der Selbstbestimmt-Leben-Bewegung, mit sich selbst und ihrer Behinderung und ihrem Frausein auseinandersetzen.

Ein solches Gremium ist das ISL-Frauentreffen; es ist ein bundesweites Forum und Austausch von behinderten Frauen, die mit behinderten Frauen arbeiten. Diese intensive Arbeit mit anderen behinderten Frauen bestätigt uns immer wieder, daß Peer Support für behinderte Frauen unerläßlich ist! Wir sind anderen Frauen mit Behinderung viel näher und können nur durch Parteilichkeit eine angemessene Beratung für Frauen mit Behinderung hin zu einer Identitätsfindung als Frau mit Behinderung und zu einer möglichst selbstbestimmten Lebensführung erreichen.

4. Öffentlichkeitsarbeit

Neben diesen Angeboten für Frauen mit Behinderung von Frauen mit Behinderung bieten wir im Rahmen unserer Öffentlichkeitsarbeit Vorträge, Seminare und Fortbildungen z. B. für Mitarbeiterinnen in Institutionen an. Wir wollen die Situation behinderter Frauen bekannt machen und uns so für eine Verbesserung ihrer Lebenssituation einsetzen.

In einer Dokumentation des Projekts wird eine Problemanalyse der Situation behinderter Frauen erstellt. Desweiteren soll durch eine Dokumentation von Einzelfällen und Gruppenarbeit die Wirkungsweise des Beratungsansatzes nach dem Prinzip des *Peer Support* aufgezeigt und untersucht werden.

Ausblick

Wir haben die Problematik behinderter Mädchen bewußt nicht mit in unser Projekt einbezogen; denn die Mädchenarbeit erfordert einen anderen Arbeitsansatz, den wir zur Zeit aus Personalmangel nicht umsetzen können.

Unsere ganzheitliche, parteiliche Lebensberatung richtet sich an alle Frauen mit Behinderung. Wir haben jedoch die Notwendigkeit erkannt, daß wir offensiver werden müssen in dem Bestreben, Voraussetzungen zu schaffen, damit auch alle behinderten Frauen unsere Angebote nutzen können, z. B. in die Heime und Werkstätten zu gehen. Dies ist uns aber leider zur Zeit aus Kapazitätsgründen nicht möglich.

Wir hoffen, daß es in Zukunft einen Weg geben wird, dieses Manko mit zusätzlichen Stellen auszugleichen. Aber da die finanzielle Absicherung für die Zeit nach dem Modell unsicher ist, sieht es sehr düster aus.

WAHRNEHMUNG UND EINSTELLUNG ZUR SEXUELLEN GEWALT BEI MITARBEITERINNEN UND MITARBEITERN IN SONDERPÄDAGOGISCHEN EINRICHTUNGEN

Marlies Röhrig

1. Einleitung

Seit Anfang der achtziger Jahre erfährt das Thema der sexuellen Gewalt zunehmende Aufmerksamkeit in der Öffentlichkeit. Wesentlich dabei ist, daß diese Diskussion von betroffenen Frauen - organisiert in Selbsthilfegruppen - entscheidend getragen und beeinflußt wurde. Nur langsam beginnt ein Prozeß der Bewußtwerdung, in dem das Ausmaß sexueller Gewalt an Mädchen/Frauen mit einer Behinderung im deutschsprachigen Raum Beachtung findet. In den USA wurde die Problematik der sexuellen Gewalt an behinderten Menschen bereits Ende der siebziger Jahre erkannt (Berkmann 1984-86).

Sexuelle Übergriffe an behinderten Mädchen und Frauen sind vor dem Hintergrund familiärer und institutioneller Bedingungen zu sehen. Als ein Grund für die Tabuisierung sexueller Gewalt an behinderten Mädchen und Frauen ist u. a. die Einstellung der Gesellschaft gegenüber der Sexualität von Menschen mit einer Behinderung zu nennen. Der Leugnung und Verneinung der Sexualität behinderter Menschen folgt mit scheinbarer Konsequenz die Leugnung der Existenz sexueller Übergriffe an behinderten Mädchen und Frauen.

Im Rahmen einer Examensarbeit (Röhrig 1993) wurde versucht, die komplexe Problematik der sexuellen Gewalt an behinderten Menschen ansatzweise darzustellen. Ziel der durchgeführten Pilotstudie zum Thema „Sexuelle Gewalt und Behinderung" war vor allem die Beantwortung der Frage, inwieweit das in den sonderpädagogischen Einrichtungen arbeitende Personal Kenntnis über die Problematik besitzt bzw. diese Form der Gewalt wahrgenommen wird.

Um überhaupt eine Vorstellung über das Ausmaß der Problematik zu erhalten, wurden sonderpädagogische Einrichtungen aller Fachrichtungen beteiligt, so daß kein Schwerpunkt auf eine spezifische Behinderungsform gelegt wurde. Als theoretisches Konzept wurde das „Ecological Model"

(Doe 1990; Sobsey/Doe 1991) herangezogen, um mögliche sich wechselseitig beeinflussende Faktoren innerhalb der Sozialisationsbedingungen behinderter Menschen erklären und aufzeigen zu können.

Im folgenden sollen einige Ergebnisse in Bezug auf die Wahrnehmung und Einstellung zur sexuellen Gewalt an behinderten Menschen dargestellt werden. Da es sich nicht um eine repräsentative Untersuchung handelt, sind diese Aussagen lediglich als Tendenzen zu werten.

2. Durchführung und Auswertung der Untersuchung
2.1 Methode der Untersuchung

Als Erhebungsinstrument zur Beschaffung von grundlegenden Informationen zur vorliegenden Problematik wurde die Form der schriftlichen Befragung gewählt. Dabei wurde die Befragung mittels eines vollstandardisierten Fragebogens durchgeführt. Dieser Fragebogen wurde an insgesamt 102 heilpädagogische Einrichtungen verschickt (s. Tabelle 1) wie Sonderschulen, Heilpädagogische Kindergärten/Tagesstätten, Werkstätten und Wohnheime für Behinderte sowie Frühförderzentren. Die angeschriebenen Institutionen befanden sich im näheren Umkreis der Regierungsbezirke Köln und Düsseldorf. Die erzielte Rücklaufquote belief sich auf 47,06 % (N=48) und kann insgesamt als hoch angesehen werden.

Bei der Betrachtung der Ergebnisse ist zu berücksichtigen, daß die jeweils angegebene Prozentuierungsbasis N unterschiedlich ist. Grund hierfür ist, daß in der Regel nur von den Probanden ausgegangen wurde, die die entsprechende Frage beantwortet haben.

Tabelle 1: Zusammensetzung der Stichprobe

Institutionen	Anzahl
Schule für Lernbehinderte	12
Schule für Erziehungsschwierige	9
Schule für Geistigbehinderte	9
Schule für Sprachbehinderte	6
Schule für Körperbehinderte	8
Schule für Sehbehinderte	2

Institutionen	Anzahl
Schule für Schwerhörige	2
Kindergärten/Heilpädagogische Tagesstätten	21
Frühfördereinrichtung/Verein/Klinik/ Krankenhaus	9
Werkstätten	9
Heime/Wohnstätten	14
Jugendamt Stadt Köln	1
insgesamt	102

Anhand der statistischen Datenanalyse wurde zunächst die Häufigkeitsverteilung der einzelnen Variablen ermittelt. Daneben wurde auf der Basis von Korrelationsanalysen sowie durch die Erstellung von Kreuztabellen überprüft, inwieweit sich Zusammenhänge zwischen einzelnen Variablen zeigten.

2.2 Inhaltlicher Aufbau des Fragebogens

Der Fragebogen setzte sich aus insgesamt vier Themenschwerpunkten mit 56 Fragen zusammen. Die Entwicklung des Fragebogens erfolgte in Anlehnung an grundlegende Literatur zu den Bereichen „Sexualität" (Glück u. a. 1990; Sierck/Radtke 1989), „sexuelle Gewalt" (Enders 1990; Walter 1989), „sexuelle Gewalt und Behinderung" (Crossmaker 1986).

Mit Hilfe des ersten Fragenkomplexes sollten allgemeine Daten bezogen auf die jeweilige Institution (Art, Größe etc.) sowie die befragte Person (Geschlecht, Ausbildung, Beschäftigungszeitraum etc.) ermittelt werden.

Ziel des zweiten Fragenkomplexes war es, die Einstellung der Befragten in bezug auf die Akzeptanz der sexuellen Bedürfnisse behinderter Menschen vor dem Hintergrund der sexuellen Selbstbestimmung zu erfragen.

Der dritte Fragenkomplex sollte den allgemeinen Informationsstand der Befragten über die Problematik der sexuellen Gewalt (Definition, Täterkreis, gefährdete Altersklassen, Risikofaktoren, Folgen sexueller Gewalterfahrung etc.) klären.

Der vierte Fragenkomplex beschäftigte sich vorwiegend mit Fragen und Möglichkeiten der Prävention, um zu prüfen, inwieweit diese Aspekte den Grad der Auseinandersetzung bei den Befragten reflektieren.

3. Darstellung der Ergebnisse

Im folgenden werden einige Ergebnisse der Untersuchung dargestellt, wobei das Hauptaugenmerk auf die Untersuchungsergebnisse gelegt wird, die die Einstellung professioneller Betreuer und Betreuerinnen in Bezug auf das Ausmaß sexueller Gewalt an behinderten Menschen und die Auswirkung präventiver Maßnahmen widerspiegeln.

Die tatsächliche Verteilung der Institutionen, die sich an der Befragung beteiligt haben, zeigt Abbildung 1. Insgesamt gaben 83,3 % der Befragten (N=48) an, sich bereits mit der Problematik der sexuellen Gewalt beschäftigt zu haben. Aus Tabelle 2 geht hervor, welche Situationen einen konkreten Anlaß dazu gaben. Zu beachten ist hier, daß der Anlaß bei 45 % der Befragten eine Betroffenheit von zu betreuenden Personen und bei 42,5 % der Verdacht bei zu betreuenden Personen war.

Abb. 1: Beteiligte Institutionen

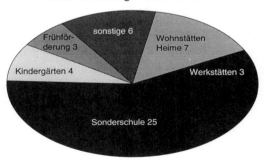

N = 48

Tabelle 2: Anlaß, sich mit dem Thema „sexuelle Gewalt" zu beschäftigen

	Hf *	% von N (N = 40)
Verdacht bei zu betreuenden Personen	17	42,5
Betroffenheit betreuender Personen	18	45

	Hf *	% von N (N = 40)
Schwangerschaft als Folge	1	2,5
Berichte in den Medien	2	5
Betroffenheit der Befragten	1	2,5
Betroffenheit von Personen außerhalb der Institution	2	5
sonstiges	3	7,5

Auch die durchgeführten Korrelationsanalysen zeigten positive Zusammenhänge hinsichtlich dieser Fragestellung auf.

Dabei wurde deutlich, daß der Anlaß der Probanden, sich mit der Problematik der sexuellen Gewalt auseinanderzusetzen, in folgenden Bereichen Korrelationen aufwies:

- mit dem Wissen um behinderte Mädchen/Frauen und Jungen/Männer innerhalb der Institution, die bereits sexuelle Gewalt erlebt haben
- mit dem Verdacht auf Betroffenheit bei Personen, die von den jeweiligen Befragten innerhalb der Klasse/Gruppe betreut werden
- mit dem Wissen um behinderte Mädchen und Frauen in der Institution, die sterilisiert worden sind.

Die Frage der Sterilisation bei Menschen mit einer Behinderung ist nicht nur als eine mögliche Verhütungsmethode zu betrachten, sondern steht in einem direkten Zusammenhang mit einem uneingeschränkten Recht auf sexuelle Selbstbestimmung. Dies ist besonders dann der Fall, wenn die Sterilisation ohne Einwilligung der betroffenen Person erfolgte.

Dabei zeigten sich innerhalb der an der Studie beteiligten Berufsgruppen Unterschiede hinsichtlich ihrer Einstellung bezogen auf ein uneingeschränktes Recht auf sexuelle Selbstbestimmung. Allein die Berufsgruppe der 'Psychologen' sprach sich ohne Vorbehalt für ein uneingeschränktes Recht auf sexuelle Selbstbestimmung bei Menschen mit einer Behinderung aus. Ferner war die Berufsgruppe der 'Psychologen' der Ansicht, daß eine Sterilisation nur mit Einwilligung der betroffenen Frauen erfolgen darf.

Abb. 2: Mißbrauchsgefahr bei Behinderten

N = 46

Inwieweit nach Einschätzung der Befragten für behinderte Menschen eine erhöhte Gefahr besteht, Opfer sexueller Übergriffe zu werden, ist Abbildung 2 zu entnehmen. Die insgesamt 31 Probanden (67,4 %) begründeten das erhöhte Risiko sexueller Übergriffe gegenüber Menschen mit einer Behinderung zum einen mit einem größeren Abhängigkeits- verhältnis zwischen Opfer und Täter, zum anderen mit ei- ner größeren Wehrlosigkeit aufgrund sprachlicher und kör- perlicher Beeinträchtigung. Die beiden Probanden (4,3 %), nach deren Ansicht von einem geringeren Risiko auszuge- hen ist, führten als Argument die mangelnde soziale Bewe- gungsfreiheit behinderter Menschen an.

Die Frage, welche Faktoren zu einem erhöhten Risiko behinderter Menschen führen, Opfer sexueller Übergriffe zu werden, wies in bezug auf die im Fragebogen vorgege- benen Antwortkategorien eine z. T. sehr hohe Besetzung der Antwortalternativen auf. Dabei unterstützen die Aussa- gen der Befragten die in der Literatur (Crossmaker 1986) aufgezeigten und analysierten Bedingungsfaktoren. Neben der „sozialen Isolation" in Form der Institutionalisierung und einer möglicherweise auch dadurch verbundenen stär- keren Abhängigkeit zwischen behindertem Menschen und professionellem Helfer ist vor allem auf Faktoren wie „Informationsmangel" bei behinderten Menschen, z. B. im Bereich der sexualpädagogischen Aufklärung, sowie die mangelnde Glaubwürdigkeit gegenüber Menschen mit einer Behinderung hinzuweisen. Die Häufigkeitsverteilung der angegebenen Antwortmöglichkeiten der insgesamt 47 Probanden (97,9 %) zeigt Abbildung 3.

Abb. 3: Risikofaktoren

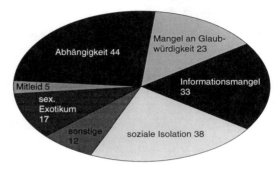

N = 47   Mehrfachantwort

Bezüglich der Frage, ob spezifische Altersklassen in Zusammenhang mit einem erhöhten Risiko sexueller Übergriffe zu sehen sind, wurde lediglich von 27 Probanden eine Einschätzung vorgenommen. Dabei ist zu berücksichtigen, daß nach Ansicht von 12 Probanden (44,4 %) für die Altersklasse 6-13 Jahre eine besondere Gefährdung besteht. Weitere 37 % der Probanden sprachen sich gegen eine Gefährdung spezifischer Altersklassen aus.

Auf die Frage, ob allein aus dem Vorliegen spezifischer Behinderungsformen eine besondere Gefährdung resultiere, sexuell mißbraucht zu werden, antworteten insgesamt 38 Probanden (79,2 %). Von diesen 79,2 % sahen sich wiederum 4 Probanden nicht in der Lage, diesen Sachverhalt zu beurteilen, gegenüber 5 Probanden, die zwischen Behinderungsart und sexueller Gewalt keine Gründe für einen Zusammenhang vermuteten. Abbildung 4 informiert über die besondere Gefährdung spezifischer Behinderungsformen nach Einschätzung der Befragten.

Abb. 4: Behinderungsformen
besonders gefährdete

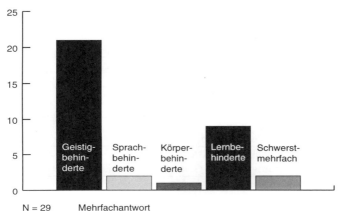

N = 29   Mehrfachantwort

Beträchtlich ist der Anteil derjenigen, die einen möglichen kausalen Zusammenhang zwischen sexueller Gewalterfahrung und einer daraus resultierenden Behinderung bei
den betroffenen Personen bejahen. Aus Abbildung 5 geht
hervor, daß 47 Probanden (97,8 %) der Möglichkeit einer
Behinderung als Folge der Gewalteinwirkung zustimmen.
Gleichzeitig ist der folgenden Abbildung zu entnehmen,
welche Verteilung sich nach Auffassung der Befragten in
Bezug auf das Entstehen spezifischer Behinderungsformen
als Folge sexueller Gewalt ergibt.

Abb. 5: Behinderungsformen als Folge

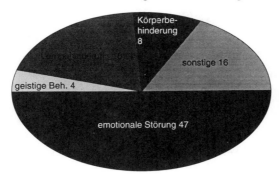

N = 47   Mehrfachantwort

Tabelle 3: Anzeichen sexueller Gewalterfahrung

	Hf *	% von N (N = 42)
sexualisiertes Verhalten	6	14,3
Auffälligkeiten im Sozialverhalten	34	81,0
Auffälligkeiten i. emotionalen Verhalten	35	83,3
Auffälligkeiten im Leistungsverhalten	10	23,8
Auffälligkeiten im Sprachverhalten	5	11,9
körperliche Anzeichen, z. B. Verletzungen	7	16,7
psychosomatische Störungen, z. B. Eßstörungen	5	11,9
Entwicklungsstillstand bzw. Retardierung der Gesamtpersönlichkeit	5	11,9
sonstige	10	23,8

In direktem Zusammenhang mit der Frage nach der ursächlichen Beziehung zwischen Behinderung und sexueller Gewalterfahrung ist die Frage nach möglichen Anzeichen und Folgen sexueller Übergriffe zu sehen. Gerade hinsichtlich möglicher Auffälligkeiten z. B. im physischen, psychischen und/oder sozialen Bereich besteht die Gefahr, daß diese nicht als Symptome sexueller Gewalterfahrung wahrgenommen werden, sondern ursächlich auf die Behinderung zurückgeführt werden (Sobsey/Mansell 1990, 59). Tabelle 3 informiert über den Kenntnisstand der Befragten in Bezug auf die möglichen Symptome, die für ein Vorliegen von sexuellen Gewalterfahrungen, sprechen können.

Tabelle 4: Gründe für den Verdacht in der eigenen Klasse/Gruppe/Stufe

	Hf *	% von N (N = 38)
verbale Äußerungen	10	26,3
indirekte Äußerungen: Kinderzeichnungen/Rollenspiele etc.	7	18,4
Auffälligkeiten im emotionalen Bereich	23	60,5
Auffälligkeiten im Sozialverhalten	27	71,1
körperliche Auffälligkeiten	13	34,2
Auffälligkeiten im Leistungsverhalten	8	21,1
sexualisiertes Verhalten	5	13,2
sonstiges	5	13,2

Abb. 6: Reaktion bei Verdacht auf sexuellen Mißbrauch

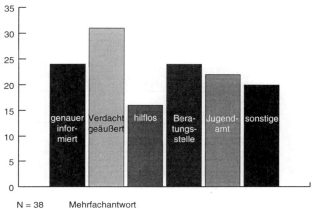

N = 38   Mehrfachantwort

Insgesamt 79,2 % der Probanden wußten über einen Verdacht des sexuellen Mißbrauchs an behinderten Mädchen/ Frauen und Jungen/Männern in ihrer Klasse/Gruppe/Stufe zu berichten. Tabelle 4 stellt zusammenfassend die Verhaltensweisen bei den Betroffenen dar, die nach Angaben der Probanden Anhaltspunkte für die Verdachtsmomente gaben.

Aus Abbildung 6 geht hervor, wie sich die Probanden in der Situation des Verdachts selbst verhalten bzw. gefühlt haben.

Den Befragten waren insgesamt 62 Täter bzw. Täterinnen bekannt. Hiervon wurden zu 93,5 % männliche Täter gegenüber 6,5 % weiblichen Täterinnen genannt.

Die Fragen zur Prävention dienten vor allem der Prüfung, ob bereits vor dem Zeitpunkt der Befragung von Seiten der Befragten und innerhalb der jeweiligen Institution eine Auseinandersetzung mit der vorliegenden Fragestellung stattgefunden hat. Tabelle 5 informiert darüber, daß bei immerhin 91,5 % der Probanden der Wunsch besteht, mehr über diesen Problemzusammenhang zu erfahren und 97,9 % der Probanden eine Auseinandersetzung grundsätzlich für notwendig erachten.

Tabelle 5: Auseinandersetzung mit der Thematik der sexuellen Gewalt

Antwortverhalten	Ja % von N	Nein % von N
Gründung von Arbeitsgruppen (N = 48)	50	50
Informationsbedürfnis (N = 47)	91,5	8,5
Notwendigkeit der Auseinandersetzung (N = 48)	97,9	2,1
Angebot einer Fortbildungsmaßnahme (N = 46)	56,5	43,5
bereits erfolgter Besuch einer Fortbildung (N = 48)	52,1	47,9

Wichtig ist auch, auf den bestehenden positiven Zusammenhang hinzuweisen, der sich zwischen der Gründung von Arbeitsgruppen sowie dem Besuch von Fortbildungsmaßnahmen zum Thema „sexuelle Gewalt" und der Selbsteinschätzung der Befragten hinsichtlich ihrer Fähigkeit zur Sexualerziehung zeigte.

Eine ebenfalls positive Korrelation ließ sich zwischen der Kenntnis über Betroffene in der Institution und einem bereits erfolgten Angebot von Fortbildungsmaßnahmen von seiten des Arbeitgebers feststellen.

Möglichkeiten präventiver Maßnahmen sahen 37 Probanden (77,1 %) in folgenden Handlungsstrategien:

- 29,7 % Enttabuisierung der Sexualität, insbesondere auf gesellschaftlicher Ebene
- 35,1 % verstärkte Aufklärung und Sexualerziehung
- 48,6 % persönlichkeitsfördernde Maßnahmen
- 13,5 % Elternarbeit
- 24,3 % positive/negative Gefühle wahrnehmen und artikulieren lassen
- 13,5 % Informationsveranstaltungen organisieren
- 10,8 % Vertrauensbildung zwischen Bezugsperson-Kind ermöglichen
- 8,1 % Weiterbildungsangebote für Fachkräfte
- 29,7 % Betroffenen Gesprächsbereitschaft signalisieren

Aufschlußreich ist auch die Beurteilung von seiten der Befragten in bezug auf die Wirksamkeit einer stärkeren Aufklärungsarbeit im Bereich der Sexualerziehung. Hier zeigte sich ein Zusammenhang in der Weise, daß diejenigen Probanden, die bisher keinen Anlaß hatten, über sexuelle Gewalt an behinderten Menschen nachzudenken, eine ausreichend vorbeugende und wirksame Handlungsstrategie in einer intensiveren Sexualerziehung sahen.

Tabelle 6: Einführung einer Meldepflicht

Meldepflicht	Hf *	% vonN (N = 43)
als Präventivmaßnahme	9	20,9
Gefahr der Verleumdung	4	9,3
keine Hilfe für Betroffene	4	9,3
ermöglicht frühere Eingriffsmöglichkeiten	12	27,9
vergrößert den Schaden f. d. Opfer	7	16,3
individuelle Verfolgung statt Meldepflicht	5	11,6
Ausschöpfen anderer rechtlicher und sozialer Möglichkeiten	4	9,3
sonstiges	13	30,2

Für die Einführung einer Meldepflicht bei Verdacht auf sexuellen Mißbrauch wie z. B. in einigen Staaten der USA (Minnesota, Texas, Ohio) sprachen sich 46,5 % der Probanden (N=43) aus (vgl. Berkman 1984-86, 91; O'Day 1983, 11). Die Mehrheit (53,5 %) der Befragten lehnte dagegen eine gesetzliche Verpflichtung zur Anzeige bei Verdacht bzw. Wissen um sexuelle Übergriffe ab. Tabelle 6 informiert über die verschiedenen Argumente der Befragten hinsichtlich der Einführung einer Meldepflicht und hebt die Gegensätze von Pro und Contra deutlich hervor. Erwähnenswert ist in diesem Zusammenhang, daß 87 % der Befragten (N = 23), die bereits einen Anlaß hatten, über sexuellen Mißbrauch nachzudenken (vgl. Tabelle 2), gegen die Einführung einer gesetzlichen Meldepflicht sind .

3. Diskussion der Ergebnisse

Der sich nun anschließende Diskussionsteil befaßt sich mit dem Themenkomplex der sexuellen Gewalt an behinderten

Menschen und dessen Wahrnehmung und Einschätzung aus der Sicht professioneller Helferinnen und Helfer. Die Ergebnisse, die in Zusammenhang mit der Frage nach einem uneingeschränkten Recht auf sexuelle Selbstbestimmung behinderter Menschen stehen, werden in Zusammenhang mit der Bedeutung der Sterilisation diskutiert.

Die Ergebnisse der Grundauszählung zeigen, daß für über 80 % der Probanden bereits eine konkrete Veranlassung bestand, sich mit der vorliegenden Problematik auseinanderzusetzen. Dabei ist auffällig, daß dieser Anlaß überwiegend in direktem Zusammenhang mit den zu betreuenden Personen stand (vgl. Tabelle 2). Immerhin wußten 45 % der Probanden von betroffenen Personen und 42,5 % der Probanden von einem vorliegenden Verdacht sexueller Übergriffe zu berichten. Wird in Zusammenhang mit der Wahrnehmung sexueller Gewalt und dem Wissen um Betroffene in der jeweiligen Institution an bereits erfolgte Maßnahmen erinnert, wie z. B. Gründung von Arbeitsgruppen, Besuch von Fortbildungsmaßnahmen (vgl. Tabelle 5), die für eine Bereitschaft und Notwendigkeit stehen, sich mit der vorliegenden Problematik auseinanderzusetzen, dann bestätigt sich letztlich die Aussage von Cole (vgl. a. Senn 1993, 111), die lautet:

„Prevention of sexual abuse starts with the recognition and acknowledgement that it is happening (Cole 1984-86, 79)."

Annähernd 70 % der Befragten kamen zu der Einschätzung, daß für behinderte Menschen ein erhöhtes Risiko bestehe, sexuell mißbraucht zu werden (vgl. Abb. 2). Begründet wurde diese Einschätzung zum einen mit einer größeren körperlichen und sprachlichen Wehrlosigkeit, d. h. mit Faktoren, die in direktem Zusammenhang zur Behinderung stehen, wie z. B. die körperliche Beeinträchtigung und eine damit verbundene Pflegeabhängigkeit oder die aus der Behinderung resultierende eingeschränkte Kommunikationsfähigkeit. Da bislang ein Zusammenhang zwischen Art und Grad der Behinderung und der eventuell daraus folgenden Abhängigkeit und einem erhöhten Risiko für sexuelle Gewalt empirisch nicht belegt werden konnte (Tharinger u. a. 1990, 305; Westcott 1991, 252, Sobsey/

Doe 1991, 244), sei an dieser Stelle an die für bestimmte Behinderungsformen charakteristischen Merkmale, wie z.B. eingeschränkte Kommunikationsfähigkeit, Pflegeabhängigkeit oder soziale Isolation hingewiesen.

Zum anderen wurde ein erhöhtes Risiko aufgrund einer größeren sozial-emotionalen Abhängigkeit behinderter Menschen vermutet (vgl. Abb. 3). Dabei ist von Bedeutung, daß dieses Argument im wesentlichen Aspekte aufgreift, die als Ausdruck bzw. Ergebnis der Sozialisationsbedingungen behinderter Menschen zu verstehen sind und deren prägenden Einfluß auf die jeweilige individuelle Lebensgeschichte behinderter Menschen erkennen lassen. Das bedeutet, daß die Probanden ein erhöhtes Risiko mit Faktoren zu erklären suchen, die auf der Ebene der Interaktion zwischen möglichem Opfer und Täter eine besondere Rolle spielen und möglicherweise das Entstehen asymmetrischer Beziehungsstrukturen verursachen.

Aufgrund der vorliegenden Untersuchungsergebnisse kann nicht auf eine Beziehung zwischen Art und Schwere der Behinderung und einem damit eventuell erhöhten Risiko hinsichtlich sexueller Gewalterlebnisse geschlossen werden.

Die Ergebnisse hinsichtlich der Täter unterstützen die in der Literatur dazu angegebenen Daten. Der Anteil der männlichen Täter liegt auch hier über 90 % (vgl. Sobsey/Doe 1991, Baladerian 1991).

Zu beachten sind die Ergebnisse der Untersuchung, die sich auf das Entstehen einer Behinderung als Folge der Gewalteinwirkung beziehen. Nach Einschätzung fast aller Befragten werden sozial-emotionale Auffälligkeiten als mögliche Folge der sexuellen Gewalterlebnisse beurteilt. 38,3 % der Befragten können sich vorstellen, daß das Erleben sexueller Übergriffe ursächlich für das Entstehen einer Lernbehinderung sein kann. Die in der Fachliteratur geäußerten Vermutungen, daß auf das Erleben sexueller Gewalt die Betroffenen möglicherweise mit einer 'geistigen Behinderung' als Folge dieser Übergriffe reagieren (Crossmaker 1991, 202; vgl. 1986, 166f.; vgl. Westcott 1991, 252), wird durch die vorliegenden Daten der Grundauszählung lediglich angedeutet (vgl. Abb. 5).

Die Ergebnisse hinsichtlich der Frage nach möglichen Risikofaktoren für sexuellen Mißbrauch an behinderten Menschen (vgl. Abb. 3) unterstützen die in der Literatur als Risikofaktoren diskutierten Merkmale innerhalb der Lebens- und Sozialisationsbedingungen behinderter Menschen, wie z. B. „soziale Isolation" (80,9 %), Informationsmangel (70,2 %) oder „Mangel an Glaubwürdigkeit" (49 %) etc. (vgl. Crossmaker 1986, 1991; Sobsey/Doe 1991, Sobsey/Mansell 1990).

Die Ergebnisse der Grundauszählung weisen daraufhin, daß die Aussagen der Befragten (87,5 %) Rückschlüsse über einen guten Kenntnisstand hinsichtlich möglicher Anzeichen und Symptome in Bezug auf sexuelle Gewalterfahrung zulassen. Dies verdeutlichen auch die Ergebnisse bezüglich der Wahrnehmung von Betroffenen bei den von den Befragten zu betreuenden Personen (vgl. Tabelle 4). Dabei ist von Bedeutung, daß die Probanden nicht 'handlungsunfähig' waren, sondern durchaus in der Lage waren, bestimmte Maßnahmen, wie z. B. Einschaltung von Beratungsstellen oder Jugendamt, zu ergreifen. Dennoch erlebte sich über ein Drittel der Probanden in dieser Situation als „hilflos" (vgl. Abb. 6), so daß davon ausgegangen werden kann, daß sinnvolle Präventionsarbeit die Aufklärung professioneller Helfer und Helferinnen, z. B. durch entsprechende Fortbildungsmaßnahmen, mit einzubeziehen hat; diese sollten dann sowohl über einzelne Präventionsprogramme (vgl. O'Day 1983) als auch über Interventionsmöglichkeiten im Sinne von öffentlichen und rechtlichen Hilfsangeboten informieren.

Weitere Ergebnisse der Studie im Gruppenvergleich haben gezeigt, daß sich allein die Berufsgruppe der „Psychologen" für ein uneingeschränktes Recht auf sexuelle Selbstbestimmung behinderter Menschen aussprach. Das Recht auf sexuelle Selbstbestimmung als Grundrecht (vgl. Walter 1983, 127f.) wird in Abhängigkeit von Behinderungsart und -grad gesehen. Dies trifft gleichermaßen in Bezug auf die Sterilisation als Verhütungsmethode sowie auf die Frage nach der Einwilligung durch den behinderten Menschen als Voraussetzung zu.

Gerade in Zusammenhang mit geistig behinderten Menschen, insbesondere Frauen (Sierck/Radtke 1989, 142), wird die Notwendigkeit zur Sterilisation damit begründet, daß dadurch selbstbestimmte Sexualität als Ausdruck voller Lebensqualität erst möglich wird. Neben der historisch-politischen Dimension, auf die in Zusammenhang mit der Diskussion um die Sterilisation ohne Einwilligung der jeweiligen Personen hinzuweisen ist, verweisen Autorinnen und Autoren, die sich mit der Praxis und Problematik der Sterilisation behinderter Menschen beschäftigt haben, immer wieder auf das bestehende Risiko sexueller Gewalt in Zusammenhang mit der Sterilisation (Mayer 1992, 72; Degener 1992, 12). Die unfreiwillige Sterilisation führt also weder zur Lösung sexueller Probleme und Schwierigkeiten behinderter Menschen noch erübrigt sich dadurch eine notwendige Sexualerziehung bzw. -beratung. Sie bietet vor allem keinen Schutz vor sexuellen Übergriffen, sondern schützt allenfalls vor den Folgen sexueller Gewalt und damit den Täter (Walter 1992, 24f.).

Vor diesem Hintergrund erscheint es um so dringlicher, Sterilisationen, die gegen den Willen der betroffenen Personen durchgeführt werden, als Straftatbestand im Sinne einer schweren Körperverletzung (224 StGB) bzw. der vorsätzlichen Körperverletzung (226a StGB) zu betrachten (Ewinkel/Hermes u.a. 1986, 105; Fegert 1993, 152).

4. Schlußbemerkung

Insgesamt weisen die Ergebnisse der hier vorgestellten Studie darauf hin, daß die Problematik der sexuellen Gewalt an behinderten Menschen den professionellen Helfer- innen und Helfern bekannt ist. Über das tatsächliche Ausmaß sexueller Übergriffe kann keine Aussage getroffen werden. Die in der Literatur genannten Risikofaktoren werden der Einschätzung der Befragten zufolge im wesentlichen bestätigt. Die Ergebnisse deuten insgesamt darauf hin, daß es dringend notwendig ist, den Prozeß der Bewußtmachung sexueller Gewalt gegenüber behinderten Menschen fortzuführen. Dies bedeutet aber auch, entsprechende Präventionsprogramme zu entwickeln bzw. einzusetzen, die u.a. die besonderen Risikofaktoren von behinderten Menschen in ihren Lebens- und Sozialisationsbedingungen zu berücksichtigen haben und Veränderungen derselben bewirken.

5. Literatur

• Baladerian, N. J.: Sexual abuse of people with developmental disabilities. In: Sexuality and Disability. 1991 Vol 9 (4), 323-335

• Berkman, A.: Professional responsibility: Confronting sexual abuse of people with disabilities. In: Sexuality and Disability. 1984-86 Vol 7 (3-4), 89-95

• Cole, S. S.: Facing the challenges of sexual abuse in persons with disabilities. In: Sexuality and Disability. 1984-86 Vol 7 (3-4), 71-87

• Crossmaker, M.: Empowerment. A systems approach to preventing assaults against people with mental retardation and/or developmental disabilities. National Assault Prevention Center. Columbus, Ohio 1986.

• Crossmaker, M.: Behind locked doors - Institutional sexual abuse. In: Sexuality and Disability. Special Issue: Sexual Exploitation of People with Disabilities. 1991 Vol 9 (3), 201-219

• Degener, T.: Opfer - wehrlos in jeder Hinsicht. In: Ce Be eF Club, Schweiz (Hrsg.): Broschüre 'Sexuelle Ausbeutung bitterzart.' Luzern 1992

• Doe, T.: Towards an understanding: An Ecological Model of Abuse. In: Developmental Disabilities Bulletin. 1990 Vol 18 (2), 13-20

• Enders, U.: (Hrsg.): Zart war ich, bitter war's. Sexueller Mißbrauch an Mädchen und Jungen. Erkennen-Schützen-Beraten. Köln 1990[2]

• Ewinkel, C./Hermes, G. u. a. (Hrsg.): Geschlecht: behindert. Besonderes Merkmal: Frau. Ein Buch von behinderten Frauen. München 1986[2]

• Fegert, J. M.: Nachwort. In: Senn, Ch. Y.: Gegen jedes Recht. Sexueller Mißbrauch und geistige Behinderung. Berlin 1993

• Glück, G. u.a.: Heiße Eisen in der Sexualerziehung. Wo sie stecken und wie man sie anfaßt. Weinheim 1990

• Mayer, A.: Die verschwiegene Gewalt gegenüber behinderten Mädchen und Frauen. In: Kontakt- und Informationsstelle der I.M.M.A. e. V. (Hrsg.): Broschüre 'Arbeit mit behinderten Mädchen und jungen Frauen'. Ergebnisse einer Fachtagung 11/91. München 1992

• O'Day, B.: Preventing sexual abuse of persons with disabilities. A curriculum for hearing impaired, physically disabled, blind and mentally retarded students.Minnesota 1983

• Röhrig, M.: Sexuelle Gewalt und Behinderung. Eine empirische Untersuchung an sonderpädagogischen Einrichtungen. Unveröffentlichte Examensarbeit. Köln 1992

• Senn, Ch. Y./The G. Allan Roeher Institut: Gegen jedes Recht. Sexueller Mißbrauch und geistige Behinderung. Berlin 1993

• Sierck, U./Radtke, N.: Die Wohltätermafia. Vom Erbgesundheitsgericht zur Humangenetischen Beratung. Frankfurt 1989[5]

• Sobsey, D./Doe, T.: Patterns of sexual abuse and assault. In: Sexuality and Disability. Special Issue: Sexual Exploitation of People with Disabilities. 1991 Vol 9 (3), 243-259

• Sobsey, D./Mansell, S.: The prevention of sexual abuse of people with developmental disabilities. In: Developmental Disabilities Bulletin 1990 18 (2),51-66

• Tharinger, D. B. u. a. : Sexual abuse and exploitation of children and adults with mental retardation and other handicaps. In: Child abuse and neglect. 1990 Vol 14, 301-312

• Walter, J.: Institutionelle Faktoren als Bedingungsrahmen für die Sexualität behinderter Menschen. In: Paeslack, V. (Hrsg.): Sexualität und körperliche Behinderung. Heidelberg 1983

• Walter, J. (Hrsg.): Sexueller Mißbrauch im Kindesalter. Heidelberg 1989

• Walter, J.: Im Zweifel für das Opfer. Übergriffe auf die sexuelle Selbstbestimmung von Menschen mit einer geistigen Behinderung. In: Ce Be eF Schweiz (Hrsg.): Broschüre 'Sexuelle Ausbeutung bitterzart.' Luzern 1992

• Westcott, H.: The abuse of disabled children: a review of literature. In: Child: Care, Health & Development. 1991 Vol 7 (4), 243-258

Literatur

-Sexualität und Behinderung-

• Achilles, I.: Was macht Ihr Sohn denn da? Geistige Behinderung und Sexualität. München 1990
• Ewinkel, C./Hermes, G. u. a. (Hrsg.): Geschlecht: behindert. Besonderes Merkmal: Frau. Ein Buch von behinderten Frauen. München 1986[2]
• Glück, G. u. a.: Heiße Eisen in der Sexualerziehung. Wo sie stecken und wie man sie anfaßt. Weinheim 1990
• Paeslack, V. (Hrsg.): Sexualität und körperliche Behinderung. Heidelberg 1983
• Porter, M.: Sexualität und körperbehinderte Menschen. London 1988
• Sporken, P.: Geistig Behinderte, Erotik und Sexualität. Düsseldorf 1974
• Walter, J.: Sexualität und geistige Behinderung. Heidelberg 1983
• Weinwurm-Krause, E.-M.: Soziale Integration und sexuelle Entwicklung Körperbehinderter. Heidelberg 1990

-Sexuelle Gewalt-

• Abel, M.- H.: Vergewaltigung. Stereotypen in der Rechtsprechung und empirische Befunde. Weinheim/Basel 1988
• Arbeitskreis 'Sexuelle Gewalt' beim Komitee für Grundrechte und Demokratie (Hrsg.): Gewaltverhältnisse. Eine Streitschrift für die Kampagne gegen sexuelle Gewalt. Sensbachtal 1990[5]
• Bange, D.: Die dunkle Seite der Kindheit. Sexueller Mißbrauch an Mädchen und Jungen. Ausmaß - Hintergründe - Folgen. Köln 1992
• Enders, U.: Zart war ich, bitter war's. Sexueller Mißbrauch an Mädchen und Jungen. Erkennen-Schützen-Beraten. Köln 1990[6]
• Hartwig, L.: Sexuelle Gewalterfahrungen von Mädchen. Konfliktlagen und Konzepte mädchenorientierter Heimerziehung. München 1992
• Janshen, D.: Sexuelle Gewalt. Die alltägliche Menschenrechtsverletzung. Frankfurt am Main 1991
• Rush, F.: Das bestgehütete Geheimnis: sexueller Kindesmißbrauch. Berlin 1991[6]
• Walter, J. (Hrsg.): Sexueller Mißbrauch im Kindesalter. Heidelberg 1989
• Wittrock, M.: Sexueller Mißbrauch an Kindern. In: Sonderpädagogik, Jg. 1992, Heft 3, 164 170
• Zens, G.: Kindesmißhandlung und Kindesrechte. Frankfurt 1979

-Sexuelle Gewalt und Behinderung-

• Baladerian, N. J.: Sexual abuse of people with developmental disabilities. In: Sexuality and Disability. 1991 Vol 9 (4), 323-335
• Berkman, A.: Professional responsibility: Confronting sexual abuse of people with disabilities. In: Sexuality and Disability. 1984-86 Vol 7 (3-4), 89-95
• Ce Be eF Schweiz: Club Behinderter und ihrer FreundInnen (Hrsg.): Broschüre 'Sexuelle Ausbeutung bitterzart'. Luzern 1992
• Cole, S. S.: Facing the challenges of sexual abuse in persons with disabilities. In: Sexuality and Disability. 1984-86 Vol 7 (3-4), 71-87
• *Crossmaker, M.: Empowerment. A systems approach to preventing assaults against people with mental retardation and/or developmental disabilities. National Assault Prevention Center. Columbus, Ohio 1986
• Crossmaker, M.: Behind locked doors-Institutional sexual abuse. In: Sexuality and Disability. Special Issue: Sexual Exploitation of People with Disabilities.1991 Vol 9 (3), 201-219
• Degener, T.: Opfer - wehrlos in jeder Hinsicht. In: Ce Be eF Club, Schweiz(Hrsg.): Broschüre 'Sexuelle Ausbeutung bitterzart.' Luzern 1992
• Doe, T.: Towards an understanding: An Ecological Model of Abuse. In: Developmental Disabilities Bulletin. 1990 Vol 18 (2), 13-20
• Fegert, J. M.: Sexualentwicklung, Sexualität von geistig behinderten Menschen und Übergriffe auf ihre Identität. In: Gegenfurtner, M./Keukens, W. (Hrsg.) Sexueller Mißbrauch an Kindern und Jugendlichen. Diagnostik - Krisenintervention - Therapie. Essen 1992 Kontakt- und Informationsstelle der I.M.M.A. e. V. (Hrsg.): Broschüre 'Arbeit mit behinderten Mädchen und jungen Frauen.' Ergebnisse einer

Fachtagung (11/91). München 1992
- *O'Day, B.: Preventing sexual abuse of persons with disabilities. A curriculum forhearing impaired, physically disabled, blind and mentally retarded students.minnesota 1983
- Senn, Ch. Y./The G. Allan Roeher Institut: Gegen jedes Recht. Sexueller Mißbrauch und geistige Behinderung. Berlin 1993
- Sobsey, D./Doe, T.: Patterns of sexual abuse and assault. In: Sexuality and Disability. Special Issue: Sexual Exploitation of People with Disabilities. 1991 Vol 9 (3), 243-259
- Sobsey, D./Mansell, S.: The prevention of sexual abuse of people with developmental disabilities. In: Developmental Disabilities Bulletin 1990 18 (2),
- Voss, A./Hallstein, M. (Hrsg.): Menschen mit Behinderungen. Berichte, Erfahrungen, Ideenzur Präventionsarbeit. Berlin/Ruhnmark 1993
- Tharinger, D. B. u. a. : Sexual abuse and exploitation of children and adultswith mental retardation and other handicaps. In: Child abuse and neglect. 1990Vol 14, 301-312
- Westcott, H.: The abuse of disabled children: a review of literature. In: Child: Care, Health & Development. 1991 Vol 7 (4), 243-258

Bei den mit einem * gekennzeichneten Literaturangaben handelt es sich um amerikanische Präventionsmodelle, die erhältlich sind bei:

Donna Vita Fachhandel
Postfach 5
D-24973 Ruhnmark
Tel: 04634/17 17
Über die derzeit verfügbare Literatur zum Thema 'Sexuelle Gewalt' (Sachbücher, Arbeitsmaterialien, Präventionsmaterialien etc.) informiert ein Katalog des Donna Vita Verlags, der ebenfalls unter der o. g. Adresse erhältlich ist.

Bezugs– und Kontaktadressen

Dachverband der Initiativen „Selbstbestimmt Leben"
Interessenvertretung 'Selbstbestimmt Leben Deutschland e. V.
Marquardfenstr. 21
91054 Erlangen
Tel: 09131/20 75 91

Zentrum für selbstbestimmtes Leben - ZsL -
Jakobstraße 22
50678 Köln
Tel: 0221/32 22 90

Komitee für Grundrechte und Demokratie
An der Gasse 1
64759 Sensbachtal
Tel: 06068/2607

Kontakt- und Informationsstelle der I.M.M.A. e. V.
Jahnstraße 38
80469 München
Tel: 089/26 85 65

Ce Be eF Schweiz Club Behinderter und ihrer FreundInnen
Hard 5
8408 Winterthur
Tel: 052 25 14 33

Berliner Arbeitskreis „Geistige Behinderung und sexuelle Gewalt" bei
Pro Familia
Gotzkowskystr. 8
10555 Berlin

SEXUELLER MISSBRAUCH IM FAMILIALEN UND INSTITUTIONELLEN KONTEXT

Uta Sievert

Sexuellen Mißbrauch von Kindern finden wir in allen sozialen Schichten, allen ethnischen und religiösen Bevölkerungsgruppen. Ein eindeutiges Persönlichkeitsbild des Täters läßt sich in der Literatur nicht finden. Wie jedes andere Verhalten auch, wird sexueller Mißbrauch aus der Interaktion von spezifisch persönlichen und situativen Variablen hervorgerufen.

1 Familialer Mißbrauchskontext

Sexueller Mißbrauch ist primär ein Phänomen der Familie, bei dem die leiblichen Väter, gefolgt von den Stiefvätern, die höchste Täterrate stellen. Ich möchte mich deshalb im folgenden bei meiner Beschreibung der spezifischen Merkmale und Muster der Familien, in denen Kinder sexuell mißbraucht werden, auf die Tätergruppe der Väter und Stiefväter beschränken. Der Einfachheit halber werde ich ausschließlich den Begriff Vater/Väter verwenden.

Geschieht sexueller Mißbrauch in Familien aus einem problematischen sozialen Umfeld - z.B. vor dem Hintergrund von geringer Bildung, Arbeitslosigkeit, Armut, Kinderreichtum, Obdachlosenmilieu und Alkoholproblematik - wundern wir uns meistens nicht sonderlich. Wird er aber in nach außen hin intakt erscheinenden Familien mit einem hohen Sozialstatus aufgedeckt, in denen die Eltern z.B. Akademiker und die wirtschaftlichen Verhältnisse gesichert sind, wollen wir oft nicht glauben, daß diese Väter, der Ingenieur, der Journalist, der Arzt, der Informatiker „das" getan haben. Wir fragen uns, was diese Väter dazu bringt, ihre Kinder zu mißbrauchen, wie es hinter der heilen Familienfassade aussehen mag?

Sexueller Kindesmißbrauch in der Familie ist Symptom für Familiendysfunktion, für ein dysfunktionales Beziehungsmuster in der Vater-Mutter-Kind-Triade. D.h., nicht die Idealtriade

$$\text{Vater} \text{ —— } \text{Mutter}$$
$$-- \diagdown -- \diagup --$$
$$\text{Kind}$$

in der sich Vater und Mutter klar als Paar und in ihrer
Rolle als Eltern intergenerationell vom Kind abgrenzen,
bildet die Basis der familialen Beziehungsstruktur, sondern
eine die intergenerationellen Sexualgrenzen überschreiten-
de Inzesttriade

in der die Rollenfunktion zumindest für den Vater nicht
mehr eindeutig definiert ist und eine Störung der Paar-
beziehung vorliegt. Täter und Kinder funktionieren auf einem Niveau emotionaler Kongruenz. Die Generationsgrenze
zwischen Vater und Kind ist zusammengebrochen, wodurch
es zu einer Konfusion zwischen elterlicher Struktur, emotionaler Struktur und sexueller Struktur kommt.

Typische Merkmale dysfunktionaler Beziehungsmuster
in Inzestfamilien lassen sich wie folgt beschreiben (vgl. dazu
BULLENS , o.J., FÜRNISS 1989, HIRSCH 1990, WEBER
1993):

* Mißbrauchende Väter sind, auch wenn sie sich in ihrem
Verhalten autoritär, beherrschend und mächtig zeigen, bzgl.
ihrer affektiven Bedürfnisse auf einem kindlichen Niveau
stehengeblieben. Sie sind unfähig zu emotionalen Beziehungen, zu Intimität, Sexualität, Trennung und
Individuation. Sie sind kindlich geblieben und können nur
aus egozentrischen Bedürfnissen heraus denken, empfinden und handeln. Der Hintergrund für ihre emotionale
Retardierung liegt meistens in ihrer Kindheit begründet.
BULLENS beschreibt, daß die mißbrauchenden Väter sich
als Kinder abgelehnt und im Stich gelassen fühlten, ihre
emotionalen Bedürfnisse nicht erfüllt sahen, sie zu wenig
Liebe, Wärme und Geborgenheit erlebten. Je mehr sie sich
um emotionale Nähe und Zuwendung bemühten, desto öfter fühlten sie sich zurückgewiesen. Die kurzen Augenblik-
ke von Nähe und Wärme bedeuteten für sie Augenblicke
der direkten Bedürfnisbefriedigung. Indem sie später als
Väter ihre Kinder mißbrauchen, projizieren sie häufig ihre
eigenen Sehnsüchte, denn im von ihnen mißbrauchten Kind
erkennen sie sich als das affektionsbedürftige Kind wieder,
dessen Sehnsucht sie jetzt als Mißbraucher erfüllen. D.h.

sie kompensieren ihre psychologische Unfähigkeit und den dadurch empfundenen Mangel durch den Mißbrauch und die damit einhergehende Machtausübung. Die Täter wissen dabei sehr wohl, daß das, was sie tun, falsch ist. Sie tun es trotzdem, denn für sie ist das Kind wie eine Droge, die sie brauchen, damit sie sich wohl fühlen können. Ohne diese Droge würde es ihnen schlechter gehen, denn sie bietet ihnen die Flucht aus der Realität. Wenn sie das Kind mißbrauchen, erleben sie weniger Lustgefühl als vielmehr Spannungsabfuhr. Die Täter leiden häufig unter dem, was sie mit ihren Kindern machen und verabscheuen sich dafür, dann verdrängen und verbannen sie diese Gefühle jedoch wieder und machen weiter. Sie sind psychisch abhängig von der „Droge Kind", und genau wie jeder Alkoholiker Leugnen sie ihre Abhängigkeit und bagatellisieren und rationalisieren das Geschehene.

In meinen Gesprächen mit Vätern, bei deren Kind oder Kindern ich sexuellen Mißbrauch aufgedeckt habe, erlebe ich immer wieder folgenden Mechanismus: Auf den Vorwurf des sexuellen Mißbrauchs geben sie Erschrecken vor, ohne wirklich erschrocken zu wirken und leugnen vehement jeglichen Mißbrauch. Werden sie dann mit Konkretem konfrontiert, beginnen sie die von den Kindern beschriebenen Einzelheiten zu bagatellisieren (z.B. auf den Vorwurf der Masturbation zwischen den Schenkeln und Pobacken des Kindes: „Mein Sohn hat in der Badewanne auf mir rumgetobt und ich habe dadurch eine Erektion bekommen. Dabei kann es natürlich sein, daß mein Penis zwischen seine Schenkel und Pobacken gerutscht ist". Oder ein anderer Vater, der mit der Kindesäußerung konfrontiert wurde, der Vater habe ihr immer „den Pimmel in den Mund getan": „Die beiden haben in der Wanne rumgetobt und XY hatte einfach Angst vor ihrem Bruder. Um sie zu schützen habe ich sie in den Arm genommen und an mich gedrückt. Da sie noch so klein ist, war mein Penis natürlich genau in ihrem Gesicht."). Als nächste Stufe erlebe ich dann eine Rationalisierung des Geschehenen, z.B. indem auf unsere verklemmte Gesellschaft und auf andere Völker verwiesen wird, in denen die Kinder von Erwachsenen, von ihren Vätern und Müttern, in die Sexualität eingeführt werden. Ich höre Hinweise auf Untersuchungen und Vereinigungen, in denen gewaltfreie Sexualität mit Kindern, sofern sie auf freiwilliger Basis geschieht, propagiert oder zumindest als unschädlich erklärt wird und schließlich das Argument, daß Kinder sexuelle Wesen mit entsprechenden Bedürfnissen seien.

* Sexueller Mißbrauch findet in aller Regel vor dem Hintergrund eines ungelösten Sexualkonflikts zwischen den Ehepartnern statt. Solch ein Konflikt kann beispielsweise entstehen, wenn die Frau als Partnerin - wertfrei - nicht gewillt oder in der Lage ist, die sexuellen Wünsche und Bedürfnisse des Mannes zu erfüllen. Sei es, daß der Mann durchschnittliche sexuelle Bedürfnisse anmeldet, seine Frau jedoch sexuell nur wenig ansprechbar ist; sei es, daß die Frau durchschnittliche sexuelle Bedürfnisse entwickelt, sie die Ansprüche ihres Mannes aber übermäßig erlebt, ihr die gewünschten Sexualpraktiken unangenehm sind oder der Mann seine Forderungen gar gewaltsam durchsetzt. Aufgrund seines kindlichen emotionalen Niveaus und der daraus resultierenden Unfähigkeit zur Trennung und Individuation, hat der Mann Schwierigkeiten, seine Familie zugunsten einer anderen Sexualbeziehung zu verlassen. Er ist von seiner Frau als Mutterfigur abhängig. Der Mißbrauch beginnt in diesen Familien häufig dann, wenn die Frau schwanger ist, sich im Krankenhaus oder zur Kur aufhält.

Generell kann gesagt werden, daß die Mißbrauchsdynamik in einem langfristigen ungelösten sexuellen Paarkonflikt begründet liegt, der dann sekundär zur Triangulation, d.h. Einbeziehung und Einbindung des Kindes führt.

Ich habe in meiner Praxis häufig mit Fällen zu tun, in denen getrennt lebende oder geschiedene Väter ihre Kinder bei den Besuchskontakten mißbrauchen. In allen Fällen ging die Trennung einseitig von den Frauen aus. Alle Frauen hatten die sexuelle Beziehung zu ihrem Mann als über viele Jahre unbefriedigend, gestört und negativ in Erinnerung. Einhellig beschrieben alle diese Frauen ihre Männer als emotional unreif und abhängig von ihnen: „Er hat mich als Mutter gesehen.", „Er war mein zweites/drittes Kind." Bis auf eine Ausnahme war keiner der Männer, selbst nach langjähriger Trennung, eine neue längerfristige Beziehung eingegangen. Viele von ihnen versuchten immer wieder, ihre

Frauen zu sich zurückzuholen, z.B. indem sie um Mitleid baten, Druck ausübten oder Erpressungsversuche unternahmen.

* Welche Rolle spielen die Mütter im familialen Mißbrauchskontext? Merken sie nichts, oder wollen sie nicht merken, daß ihr Kind/Kinder vom Vater über lange Zeit sexuell mißbraucht wird? Wie sieht die Mutter-Kind-Dyade, d.h. die Mutter-Kind-Beziehung in diesen Familien aus?

Familien, in denen ein Kind über lange Zeit vom Vater sexuell mißbraucht wird, zeichnen sich dadurch aus, daß eine vertrauensvolle, protektive Mutter-Kind-Beziehung fehlt. Die Kinder fühlen sich von der Mutter emotional nicht verstanden, angenommen und adäquat geschützt. Die Mütter verhalten sich emotional rigide, distanziert und zurückweisend, gelegentlich ist offene Feindseligkeit dem Kind gegenüber zu beobachten.

FÜRNISS (1989) beschreibt, in Fällen, in denen die Mutter nicht aktiver Mißbrauchspartner war, hätten die Kinder immer wieder von ihren Versuchen berichtet, mit der Mutter über den Mißbrauch zu reden. Ihnen sei jedoch nicht geglaubt worden, sie seien als Lügner und Phantasierer hingestellt und bestraft worden und dem Mißbrauch mitunter noch jahrelang weiter unterworfen gewesen.

Mißbrauch ist auch bei einer vertrauensvollen, protektiven Mutter-Kind-Beziehung möglich. Er ist jedoch oft nur einmalig oder kurzfristig. Niemals dauert er über Jahre an, ohne daß die schützende Mutter etwas merkt.

Ich kann die Merkmale der Mutter-Kind-Beziehung bei langfristigem sexuellen Mißbrauch nur bestätigen. Die Mütter mißbrauchter Kinder, die ich bislang kennengelernt habe, erlebe ich im Kontakt mit ihren Kindern oftmals wenig einfühlsam und fürsorglich, emotional abweisend, „kurz angebunden", wenig warm und zärtlich. In der therapeutischen Arbeit mit ihnen erklären sie ihre - eingestandenermaßen - gestörte Beziehung zum Kind und ihr „Versagen" damit, in Anbetracht der gespannten Ehebeziehung keinen Nerv, keinen Raum, keine emotionale Kraft gehabt zu haben, ihren Blick auf das Kind und seine Bedürfnisse zu richten. Gehe ich mit ihnen in ihre Kindheitsgeschichte zurück, stellt sich fast immer heraus, daß sie selbst eine protektive, warme Mutterbeziehung vermissen mußten, also eine schützende Mütterlichkeit nie erfahren und lernen konnten.

* Sexueller Mißbrauch kann in Familien die Funktion der Konfliktvermeidung zwischen den Ehepartnern besitzen. Er dient vor allem dazu, einen offenen Sexualkonflikt zu verhindern. In dieser Funktion finden wir sexuellen Mißbrauch vor allem in stark moralisierenden, rigiden, geheimhaltenden, vielfach sehr religiösen Familien.

Folgende Merkmalskombination ist in diesen Familien typisch: Der Vater steht emotional auf einem unreifen, kindlichen Niveau. Er ist von seiner Frau als Mutterfigur abhängig; sie bestimmt die Familienregeln. Hinzu kommt ein ungelöster Partner- und Sexualkonflikt, der, ebenso wie das Reden über Sexualität, strikt tabuisiert wird. Die Mutter-Kind-Beziehung ist von Distanz oder gar Feindseligkeit geprägt.

Da in diesen Familien eine große Diskrepanz zwischen Selbstbild und Realität besteht, bedeutet die Aufdeckung des sexuellen Mißbrauchs eine furchtbare Katastrophe. Die Frau reicht in der Regel sofort die Scheidung ein; bei den Tätern kommt es vielfach zu Suizidversuchen.

Zur Konfliktregulation dient sexueller Mißbrauch vor allem in pseudogleichen Familien. Er hat die Funktion, offene, vielfach gewaltsame Paarkonflikte zu verhindern und Konfliktspitzen wegzunehmen, d.h. bevor der Mann seine Frau vergewaltigt oder schlägt, nimmt er sich zur Spannungsabfuhr das Kind und geht mir ihm ins Bett. Typische Merkmale sind in diesen Familien Pseudogleichheit der einzelnen Familienmitglieder, emotionale, z.T. auch äußerliche Abhängigkeit (z.B. Behinderung, ökonomische Abhängigkeit) des Mannes von der Frau als Mutterfigur, vermehrt offene Konflikte und eheliche Auseinandersetzungen (z.B. Alkoholproblematik) sowie eine distanzierte oder feindselige Mutter-Kind-Beziehung. Der Mißbrauch ist mehr oder weniger allen Familienmitgliedern offen bekannt. Z.T. bestehen geheime Koalitionen, wie etwa zwischen Kind und Mutter (Ich wünsche mir, daß du mich liebst, dafür opfere ich mich für dich.) oder zwischen Mutter und Vater (Nimm das Kind. Ich verrate dich nicht, ich schütze dich und sorge für dich, wenn du mich in Ruhe läßt.). In diesen pseudogleichen Familien, in denen der sexuelle Mißbrauch die Funktion von Konfliktregulation besitzt, besteht nur eine geringe Diskrepanz zwischen Selbstbild und Realität. Hier löst nicht die Aufdeckung des Mißbrauchs die familiäre Krise aus, sondern die therapeutische Intervention, durch die die Familienstruktur verändert werden soll. FÜRNISS (1989) machte die Erfahrung, daß die Familien weglaufen, sobald die Therapie beginnt effektiv zu werden. Für beide der o.a. Familientypen gilt: Aus Angst vor den Konsequenzen der Aufdeckung ist es dem betroffenen Kind unmöglich, innerhalb oder außerhalb der Familie Hilfe zu suchen.

2 Institutioneller Mißbrauchskontext

Sexueller Mißbrauch in Institutionen wie Kindergarten, Heim, Hort, Schule, Verein oder Kirche durch Mitarbeiter ist anscheinend ein weitaus stärker tabuisiertes Thema als Mißbrauch in der Familie. In der Literatur fand ich nichts zu dieser Thematik. Wenn Kindesmißbrauch in Institutionen überhaupt thematisiert wird, dann überwiegend als Einzelereignis und nicht als ein Phänomen, das in Einrichtungen oder Gruppierungen, in denen mit Kindern gearbeitet wird, häufig vorkommt. FÜRNISS erklärte in einem Vortrag dieses Phänomen damit, daß sich die Täter - über Täterinnen ist nichts bekannt - vielfach gezielt einen Beruf ausgesucht haben, in dem sie Zugriff zu Kindern haben. Die im institutionellen Rahmen mißbrauchenden Männer sind, wie auch die mißbrauchenden Väter, unabhängig von ihrem Agieren auf der Verhaltensebene, hinsichtlich der emotionalen Beziehungsebene auf einem kindlichen Niveau stehengeblieben. Sie zeigen in der Regel dieselben spezifischen Persönlichkeitsmerkmale wie ich sie bei den mißbrauchenden Vätern beschrieben habe und gehe davon aus, daß darüber hinaus ein privater ungelöster Sexualkonflikt im Hintergrund steht.

Geschieht sexueller Kindesmißbrauch in Institutionen, treffen spezifisch persönliche mit situativen, in der Institution begründeten Variablen zusammen. Ist er nicht ein einmaliges Ereignis, sondern geschieht er evtl. an mehreren Kindern über einen längeren Zeitraum entweder unbemerkt oder unsanktioniert und für alle mehr oder weniger offen, bedeutet er, wie in der Familie, ein Symptom von Dysfunktion. Ich möchte deshalb im folgenden das dysfunktionale Beziehungssystem, wie ich es an der Familie beschrieben habe, auf Institutionen übertragen und am Beispiel Heim verdeutlichen.

Funktional sieht für mich folgende Erzieher-Kind-Triade im institutionellen System aus:

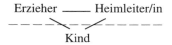

D.h. Erzieher und LeiterIn bewegen sich auf einer klar definierten und praktizierten professionellen Rollenebene - auch wenn es durch die Leitungsfunktion spezifische hierarchische Binnenunterschiede gibt - und ziehen als Kollegen und Erzieher eine eindeutige intergenerationelle Grenze zum Kind. Kommt es zu einer die intergenerationellen Sexualgrenzen überschreitenden Mißbrauchs-Triade

ist die Rollenfunktion zumindest für den Erzieher nicht mehr eindeutig definiert, die kollegiale Ebene HeimleiterIn-Erzieher gestört. Wie im familialen Kontext funktionieren der mißbrauchende Erzieher und das Kind auf einem Niveau emotionaler Kongruenz. Auch im institutionellen Kontext ist die Generationsgrenze zwischen Erzieher und Kind zusammengebrochen und führt zu einer Konfusion zwischen erzieherisch-professioneller, emotionaler und sexueller Struktur. Auch hier finden wir beim Täter die Abhängigkeit von der „Droge Kind" und darüber hinaus bei Täter und Institution Verleugnungs-, Bagatellisierungs- und Rationalisierungsbestrebungen wieder.

* Habe ich im familialen Mißbrauchskontext die Rolle der Mutter sowie die Mutter-Kind-Beziehung zu beleuchten versucht, möchte ich nun auf die Leiter-Kind-Beziehung zu sprechen kommen. Ich habe da, wo ich vor allem

als Sachverständige für Vormundschaftsgerichte mit sexuellem Mißbrauch in Institutionen zu tun hatte, bemerkt, daß der/die jeweilige EinrichtungsleiterIn wenig aktiv am Gruppengeschehen beteiligt war, sehr distanzierte Beziehungen sowohl zu den Kindern als auch zu den Erzieherinnen und Erziehern vorherrschten, die Kinder als „Fälle", die Erzieher als Personal dargestellt wurden und Leitungsfunktion im wesentlichen als eine überwiegend administrative „Chefrolle" betrachtet wurde. Eine protektive, vertrauensvolle Einrichtungsleiter/in-Kind- oder Einrichtungsleiter/in-Kollegen-Beziehung konnte ich weder aus Kontakten mit Kindern noch aus Gesprächen mit Erzieher/innen / Leiter/innen entnehmen.

Wurden diese Einrichtungsleiter/innen mit dem Verdacht des sexuellen Mißbrauchs in ihrer Institution konfrontiert, erlebte ich stets massive kategorische Abwehr: „Bei uns im Hause nicht!" Versuche der Kinder, durch Auffälligkeiten wie z.B. eine massiv sexualisierte Sprache oder altersunangemessen sexualisiertes Verhalten, auf ihren Mißbrauch aufmerksam zu machen, wurden stets mit dem Hinweis auf ein problematisches Elternhaus, in dem z.B. das Anschauen von Porno-Videos vermutet wurde, als „Aufgeschnapptes" von anderen Kindern, als Phantasie, als alterstypisches Verhalten oder Hysterie in der Öffentlichkeit bagatellisiert und rationalisiert. Den Kindern wurde nicht geglaubt, sie wurden als Lügner und Phantasierer hingestellt. Der Mißbrauch konnte weitergehen. Verleugnung erlebte ich in diesen Heimen auch, wenn kein Verdacht gegen einen Heimerzieher bestand, sondern es Hinweise darauf gab, daß z.B. ein Kind von einem älteren Heimkind - in der Regel mit eigener Mißbrauchserfahrung - oder aber bei Besuchen in seiner Familie mißbraucht wurde. Antworten die ich dann u.a. zu hören bekam: „Wir haben nur anständige Kinder hier." oder bei einem Mädchen, das sich seit drei Jahren im Heim befindet „Natürlich haben wir was bemerkt. Aber wir haben bewußt nichts aus dem Kind herauszuholen versucht. Es sollte erst mal zur Ruhe kommen."

* Sexueller Mißbrauch in der Familie kann vor dem Hintergrund eines ungelösten Paar-und Sexualkonflikts zur Konfliktvermeidung dienen. In einer Institution kann die Verleugnung des sexuellen Mißbrauchs ähnliche Funktion

besitzen. Interpersonelle Konflikte wie auch Auseinandersetzungen mit Eltern, Aufsichtsgremien etc. werden vermieden, indem die Thematik generell, oder zumindest die eigene Institution betreffend, als nicht existent abgewehrt und tabuisiert wird. In der Funktion zur Konfliktvermeidung habe ich die Verleugnung des Themas sexueller Mißbrauch z.b. in Heimen mit sehr religiös-moralisierenden, rigiden Einstellungen angetroffen. Geheimhaltung erlebte ich i.s. von mangelnder Offenheit und Transparenz, Abschottung nach außen und geringer Gesprächsbereitschaft als typisches Merkmal dieser Einrichtungen. MitarbeiterInnen dieser Einrichtungen nehmen kaum einmal an Fortbildungsveranstaltungen zum Thema „sexueller Mißbrauch" teil („Unser Einrichtungsleiter wünscht das nicht.") und in Teamsupervisionen wird es tabuisiert. Erst in Einzelsupervisionen - bei einem institutionsfremden Supervisor - können vereinzelte Mitarbeiter ihre Beobachtungen, Verdachtsmomente und den institutionellen Umgang mit dem Thema ansprechen. So berichtete eine Erzieherin aus einem Heim in kirchlicher Trägerschaft mir in einer heimlichen Einzelsupervision („Das darf um Himmels willen niemand erfahren, daß ich hier bin."), sie habe bei zwei Jungen ihrer Gruppe den Verdacht auf sexuellen Mißbrauch. Ihr Versuch, mit ihrem Einrichtungsleiter darüber zu sprechen, sei jedoch mit dem Hinweis abgewimmelt worden, irgendwann mal jemandem zu einem Vortrag ins Haus zu holen. Ausdrücklich habe er ihr verboten, mit KollegInnen darüber zu sprechen oder sich gar an jemanden außerhalb des Hauses zu wenden. Zum Abschluß des Gespräches habe er sich dann noch über ihre „tollen Beine" und „appetitanregenden Brüste" ausgelassen. Aus Angst um ihren sowieso unsicheren Arbeitsplatz habe sie nichts entgegnet und mit den Kolleginnen nicht darüber gesprochen. Auf anderer Ebene finden wir hier institutionell und interkollegial die gleiche Mißbrauchsdynamik wie beim sexuellen Kindesmißbrauch: Machtgefälle, Abhängigkeit, Drohung, Angst, Schweigen und Geheimhaltung. Typisch für diese Einrichtungen ist eine große Diskrepanz zwischen institutionellem Selbstbild und Realität. Kommt es hier zur Aufdeckung von sexuellem Mißbrauch - sei ein Erzieher, sei ein älteres Heimkind der Täter -, bedeutet es für die Institution und deren Träger eine Katastrophe. Sofern der Mißbrauch nicht publik wird, verläßt der mißbrauchende Erzieher von sich aus die Einrichtung oder wird versetzt, ein mißbrauchender Heran-wachsender wird evtl. in ein anderes Heim verlegt, ohne daß es zu weiteren Konsequenzen kommt. Die Verleugnungs- und Geheimhaltungsstrategien werden in diesen Einrichtungen hinsichtlich der Mißbrauchs-problematik auch zukünftig beibehalten.

Auch im institutionellen Kontext kann sexueller Miß-brauch hinsichtlich der Art und Weise, wie damit umge-gangen und sich auseinandergesetzt wird, der Konflikt-regulation dienen. In dieser Funktion findet er sich vor allem in Institutionen, in denen sowohl hierarchisch als auch inter-kollegial und in der Beziehung zu den betreuten Kindern Pseudogleichheit herrscht.

Typisch in diesen Institutionen sind verstärkt offene Kon-flikte unter den Kollegen/innen und eine gestörte HeimleiterIn-ErzieherInnen-Ebene. Der Mißbrauch ist, wie in der Familie, mehr oder weniger allen bekannt, trotzdem unterbindet ihn niemand. Er wird übersehen, um inter-kollegiale und hierarchische Konflikte nicht eskalieren zu lassen. Z.T. bestehen geheime Koalitionen, z.B. inter-kollegial (Ich verrate deinen Mißbrauch von Kindern nicht, verrate du meine Alkoholprobleme etc. nicht.), kollegial-hierarchisch (Übersieh du, was ich mit den Kindern mache, dafür schweige ich über deine mangelnde Leitungs-qualifikation etc.) oder in der Kind-Erzieher-Beziehung (Hab mich lieber als die anderen Kinder, dafür lasse ich den Mißbrauch geschehen. Laß meinen Freund/meine Schwester in Ruhe, ich opfere mich.)

In diesen von Pseudogleichheit geprägten Einrichtungen, in denen der sexuelle Mißbrauch bzw. der Umgang mit der Thematik der Konfliktregulation dient, besteht, ähnlich wie in den entsprechenden Familien, eine eher geringe Diskre-panz zwischen institutionellem Selbstbild und Realität. Analog zur Familie löst nicht die Aufdeckung des Miß-brauchs eine Krise aus, sondern die Intervention, z.B. durch Supervision, durch die Konflikte offengelegt und aufgear-beitet und die institutionelle Struktur verändert werden sol-len. Ich habe es erlebt, daß in einem Heim ein gesamtes Team die Einrichtung verließ, als der Supervisor den Ein-druck gewann, jetzt werde seine Arbeit effektiv. In beiden der o.a. Einrichtungstypen gilt: Das Kind kann sich aufgrund der Art und Weise, wie in der Institution mit der Thematik „sexueller Mißbrauch" umgegangen wird, weder in der Institution noch außerhalb Hilfe suchen.

3. Fakten

Über die Häufigkeit sexuellen Kindesmißbrauchs lassen sich aufgrund der hohen Dunkelziffer keine genauen Angaben machen, da die wenigsten Delikte angezeigt und damit statistisch relevant werden. Das Bundeskriminalamt berichtet, von 20 Straftaten werde nur eine angezeigt. Nur in jedem fünften Verfahren komme es zu einer Gerichtsverhandlung, obwohl zwei von drei Tätern ermittelt werden können. Wir sind also auf Schätzungen und Hochrechnungen angewiesen, die davon ausgehen, daß 15 % bis 50 % aller Kinder sexuell mißbraucht werden. Manche Einschätzungen liegen noch höher, gelegentlich ist sogar zu lesen, daß 100% aller Mädchen sexuell mißbraucht werden. Generell muß bei den genannten Schätzungen beachtet werden, wie der Begriff „sexueller Mißbrauch" definiert und operationalisiert wird. Ist es beispielsweise sexueller Mißbrauch - streng juristisch ja -, wenn ein l9jähriger mit einer 15- oder 16jährigen, sprich Minderjährigen, Geschlechtsverkehr hat? Besitzt es dieselbe klinische Relevanz, ob ein Kind einem Exhibitionisten begegnet oder ob ein sexueller Körperkontakt stattfindet?

Als gesichertes Wissen kann jedoch aufgrund neuerer englischer und amerikanischer Untersuchungen gelten, so FÜRNISS in einem Vortrag im Juni 1992 in Münster (vgl. auch FÜRNISS 1989, FEGERT 1987):

1. Sexueller Mißbrauch ist nicht primär ein Problem der Pubertät. Im Alter zwischen ll und 15 Jahren läßt sich lediglich eine erhöhte Aufdeckungsrate (ca. 55%) verzeichnen. Der Mißbrauchsbeginn liegt wesentlich früher. Etwa 50% aller Mißbrauchsfälle beginnen im Vorschulalter, ca. 50% im Grundschulalter. Im Alter von 0-4 Jahren beginnen ca. 20,3% der Mißbrauchsfälle, im Alter zwischen 5-8 Jahren ca. 39,1%.

2. Sexueller Mißbrauch ist kein einmaliges Geschehen (Droge Kind). In 80% der Fälle dauert der Mißbrauch zwei Jahre und länger. Die durchschnittliche Mißbrauchsdauer beträgt lt. FÜRNISS 2,6 Jahre.

3. Sexueller Mißbrauch ist kein Problem von Mädchen, auch wenn aufdeckungsstatistisch 78,2% Mädchen und 21,8% Jungen betroffen sind. Man geht heute davon aus, daß ebenso viele Jungen wie Mädchen betroffen sind.

4. Sexueller Mißbrauch ist primär kein Phänomen des fremden Mannes von der Straße, denn lt. Hochrechnungen des Bundeskriminalamtes sind die Täter nur in 6% aller Fälle den mißbrauchten Kindern unbekannt. Sexueller Mißbrauch ist das Phänomen von Vätern, Stiefvätern, nahen Verwandten und Vaterfiguren, sowie von Tätern aus dem unmittelbaren Freundeskreis einer Familie und aus der direkten Nachbarschaft. In 90% der Fälle sind Familienmitglieder die Täter, fast 50% von ihnen sind die leiblichen Väter der mißbrauchten Jungen und Mädchen. Bei den Frauen rechnet man mit einer Täterinnenrate von 10-20%.

LITERATUR

• BULLENS, R.: Behandlung von Inzesttätern. o. Ort u. Jahr
• FEGERT, J.M.: Sexueller Mißbrauch von Kindern. Praxis Kinderpsychologie u. Kinderpsychiatrie. 36, 1987, 164-170
• FÜRNISS, T.: Diagnostik und Folgen von sexueller Kindesmißhandlung. In: RETZLAFF, I. (Hrsg.): Gewalt gegen Kinder - Mißhandlung und sexueller Mißbrauch Minderjähriger. Neckarsulm 1989, 68-80
• HIRSCH, M.: Realer Inzest. Psychodynamik des sexuellen Mißbrauchs in der Familie. 2.Aufl. Berlin, Heidelberg, New York 1990
• WEBER, G.: Zweierlei Glück. Die systemische Psychotherapie Bert Hellingers. Heidelberg 1993

FOLGEN VON SEXUELLER GEWALT UND THERAPIEMÖGLICHKEITEN

Aiha Zemp

A: Folgen von sexueller Gerwalt

Die Folgen von sexueller Gewalt sind bei Menschen mit einer Behinderung grundsätzlich keine anderen als bei Menschen ohne Behinderung, aber sie verstärken oder erhärten gewisse Folgeerscheinungen, unter denen Menschen mit Behinderung aufgrund der Reaktionen der Umwelt auf die Behinderung eh schon zu leiden haben.

Aus wissenschaftlichen Studien aus den USA wissen wir, daß es eher die Regel ist, daß bei den Überlebenden deutliche Erinnerungen an die sexuelle Ausbeutung fehlen. Das hat zur Folge, daß sich Betroffene mit all ihren Problemen, ihrem mangelnden Selbstwertgefühl, ihren Depressionen und Schuldgefühlen nicht als normal empfinden und darunter leiden, anscheinend anders zu sein als die Übrigen, ohne dafür einen Grund zu wissen. Sowohl Professionelle als auch Betroffene selber bringen solche Folgeerscheinungen vorschnell mit der Behinderung in Zusammenhang, weil aufgrund der negativen Definitionen, denen Frauen und Männer mit einer Behinderung seit ihrer Kindheit ausgesetzt sind (normalerweise wird immer untersucht, was sie/er aufgrund der Behinderung nicht kann, und dieser Mangel wird dann durch irgendwelche Hilfsmittel oder Therapien zu kompensieren versucht), oft ein mangelndes Selbstwertgefühl vorhanden ist, die Isolation, in der Menschen mit Behinderung noch oft leben müssen, Depressionen begünstigt oder verstärkt usw.

Finkelhor hat beschrieben, welche Dynamik sich traumatisch auf das Verhalten und die psychische Entwicklung auswirkt.

1. Traumatische Sexualisierung

Traumatische Sexualisierung führt beim Kind zu einer Konditionierung: Sexuelle Aktivität wird mit negativen Gefühlserinnerungen gekoppelt. Dem Kind werden oft falsche sexuelle Normen und Moralvorstellungen vermittelt, um es für die sexuelle Ausbeutung zugänglicher zu machen, mit Sätzen wie z.B. „alle Väter, die ihre Kinder lieben, tun das".

Das führt dazu, daß Liebe und Sexualität verwechselt werden, so daß eine Aversion gegen Intimität und sexuelle Stimulierung auftreten kann und die eigene sexuelle Identität gebrochen wird. Daraus ergeben sich typische Verhaltensweisen wie: zwanghaftes sexuelles Ausagieren, aggressives sexuelles Verhalten, phobisches Vermeiden von Intimität, Orgasmusprobleme, Prostitution. Neben körperlichen Verletzungen und Schwangerschaften ist altersunangemessenes Sexualverhalten von Mädchen und Jungen der einzig eindeutige Hinweis auf sexuelle Gewalt. In der aktiven Wiederholung dessen, was sie passiv erlebt haben, sexualisieren Opfer häufig soziale Beziehungen. In der Wiederholung des Erlebten drücken Mädchen und Jungen aus, was sie selbst mit Worten nicht fassen können, z.B. im Spiel mit Puppen, Bloßstellen der Genitalien, distanzlosem Verhalten, Promiskuität usw. Eines von vielen Vorurteilen, das an Menschen mit geistiger Behinderung haftet, ist das der Triebhaftigkeit, weil sie zum Beispiel irgendwo, wo es ihnen gerade danach ist, onanieren. Ich bin überzeugt, daß gerade die sexuelle Gewalterfahrung oft der Grund ist, wieso Menschen mit einer geistigen Behinderung ihre Beziehungen oder sich selber sexualisieren, es ist oft wohl der fast einzig mögliche Versuch, die Gewalterfahrung zu verarbeiten, oder oft auch die einzige Ausdrucksmöglichkeit für das, was sie verbal nicht ausdrücken können.

2. Stigmatisierung

Die Stigmatisierung, das Erleben des Gezeichnetseins verstärkt den Zwang zur Geheimhaltung, das Schamgefühl und den Eindruck, selber an allem Schuld zu sein, denn in der Regel macht der Täter sein Opfer für die Tat verantwortlich, mit Sätzen wie: „Du hast es ja gern", „Du hast es ja gewollt". Daraus resultieren die Gefühle des Ausgestoßenseins, das schlechte Selbstwertgefühl (auch hier werden durch Reaktionen auf die Behinderung eh schon vorhandene negative Gefühle massiv verstärkt), Scham- und Schuldgefühle. Typische Verhaltensweisen sind Auto-Aggression: Drogen- und Alkohol- oder Medikamentenabhängigkeit helfen Überlebenden, die Erinnerung an die sexuelle Gewalterfahrung zu betäuben; der Versuch, mit Hilfe der Droge aus der nicht aushaltbaren Realität zu flüchten, ist Ausdruck des Überlebenswillen der Betroffenen (vgl. F. Rush, USA 1985: 80 % aller weiblichen Drogenabhängigen sind in der Kindheit sexuell ausgebeutet worden), Sucht von Frauen ist ein Versuch, Konflikte zu lösen, die sich aus den Widersprüchen, Belastungen und Grenzen weiblicher Lebensrealität ergeben; dazu gehört auch die Selbstverstümmelung: Betroffene wollen über den Schmerz spüren, daß es sie noch gibt und drücken sich brennende Zigaretten auf der Haut aus, fügen sich Schnitte zu, müssen sich zwanghaft die Haare ausreissen, kauen die Fingernägel bis aufs Fleisch usw. Selbstmord scheint schließlich für viele sexuell Ausgebeutete der einzig wirksame Schutz vor den Übergriffen der Täter einerseits, andererseits aber auch die einzige Lösung, dem Selbsthaß, der Scham, der Verzweiflung ein Ende zu setzen;

3. Betrug

Der Verrat ist das dritte traumatische Element. Das Kind ist in seinem Vertrauen getäuscht-, in seiner Abhängigkeit und Verletzlichkeit manipuliert worden. Statt Schutz zu erfahren wurde es ausgebeutet und verletzt. Das führt zu Mißtrauen, Wut und Feindseligkeit, aber auch zu tiefer Trauer und Depression. Im Verhalten äußert sich dieses Verraten-Worden-Sein in einer Opferhaltung (in der Menschen mit einer Behinderung eh oft schon gefangen sind), die die Gefahr einer späteren Wiederholung der Vergewaltigung in sich birgt, was auch die Partnerbeziehung beeinflußt und hier vor allem die Sexualität.

4. Machtlosigkeit

Ohnmacht ist der vierte Faktor. Da das Kind erlebt hat, daß die Körpergrenzen gegen den eigenen Willen überschritten worden sind, hat sich das Gefühl des Ausgeliefertseins eingeprägt: die wiederholte Erfahrung der Hilflosigkeit und Unmöglichkeit, der Gewalt ein Ende zu setzen, führt zu der Überzeugung, als Mensch keine Wirkung zu haben, keinen Einfluß nehmen zu können auf das, was mit einem geschieht (auch hier wieder eine Verschärfung eines meist schon sehr bekannten Gefühls). Deshalb wählen Opfer häufig Beziehungen, die auch von der Gewaltthematik geprägt sind.

Das Gefühl der Ohnmacht und des Ausgeliefertseins führt zu Angst- und Panikattacken, was sich in Zwängen und Phobien ausdrücken kann. Solche Kinder müssen sich dauernd oder zu Unzeiten waschen, regredieren, haben

Beziehungsschwierigkeiten bis zu Vereinsamungstendenzen, ein geringes Selbstwertgefühl, leiden an Depressionen, sind überangepaßt oder sehr aggressiv, haben z.b. diffuse Ängste in geschlossenen Räumen oder vor Autoritätspersonen; so gibt es Kinder, die in der Gruppe ein sehr sicheres Auftreten zeigen, weil sie sich in der Gruppe wohl fühlen, während sie gleichzeitig sehr ängstlich reagieren können im Einzelkontakt, d.h. sie haben Angst, wenn sie mit einem Erwachsenen allein im Raum sind, erneut Gewalt zu erfahren. Im sozialen Verhalten reagieren sexuell ausgebeutete Kinder oft mit übersteigertem Fremdeln oder distanzlosem Verhalten, sie ziehen sich aus den sozialen Kontakten zurück, oder weil sie nie gelernt haben, daß die eigenen Grenzen respektiert wurden, verhalten sie sich distanzlos und überschreiten selber dauernd irgendwelche Grenzen.

Kinder flüchten vor der sexuellen Gewalt, indem sie zu Hause weglaufen, wenn es im Elternhaus passiert, indem sie die Schule schwänzen, wenn der Lehrer der Täter ist, indem sie z.b. plötzlich nicht mehr in die Therapie wollen, wenn es der Therapeut ist, in dem sie sich nicht mehr von jenem Erzieher waschen lassen wollen, wenn er es ist, usw.

Ausgebeutet und um Schutz betrogen zu werden von dem Menschen, von dem ich abhängig bin, den ich brauche und liebe, macht Angst vor Nähe. Partnerschaft wiederholt oft eine Situation, die mit Nähe und Abhängigkeit zu tun hat. Daher ist es verständlich, daß Frauen gerade dort, wo sie lieben und emotionale Nähe gegeben ist, die Lust an der Sexualität verlieren und anorgasmisch werden. Die meisten von ihnen hatten am Anfang der Beziehung durchaus Freude an der Sexualität, genau so lange, als die Gefühle noch nicht verbindlich waren. Überlebende Frauen fühlen sich vor der sexuellen Ausbeutung oft nur dann sicher, wenn sie die Sexualität abspalten können von Bindung und Abhängigkeit. Viele Überlebende haben Angst vor sexuellen Kontakten ohne die Wirkung von Suchtmitteln; aus Furcht vor einem Rückfall in die Drogen nehmen einige keine Beziehung mehr auf.

Folgen von sexueller Ausbeutung zeigen sich oft auch auf psychosomatischer Ebene wie Einnässen, Einkoten,

Unterleibschmerzen, Schwindelanfälle, Mager- oder Eßsucht, Schlafstörungen, Erstickungsanfälle, Würge- und Ekelgefühle, chronische Entzündungen der Harnwege oder Scheide, im Erwachsenenalter oft auch Gewebsveränderungen in Brust, Scheide, Uterus, Klitoris; viele Überlebende haben Angst, eigene Kinder zu gebären, sie haben Mühe mit der Schwangerschaft, was sich z.b. in wiederholten Spontanaborten ausdrücken kann.

Weil wir Menschen ja eine Einheit von Körper, Seele und Geist sind, drücken sich Verletzungen auf der einen Ebene auch auf den anderen aus. Daher ist es nicht verwunderlich, daß ausgebeutete Frauen oft eine negative Beziehung zu ihrem eigenen Körper haben. Nicht selten ist er ihnen verhaßt, er bedeutet Gefahr, Schmutziges. Der Körper wird mit Gewalt identifiziert und deshalb vernachlässigen viele betroffene Frauen ihren Körper, malträtieren ihn durch zu viel oder zu wenig essen. Damit drücken Überlebende Wut aus, die sie statt auf den Täter gegen sich selber richten. Viele Betroffene sind wahre Meisterinnen in der eher gefährlichen Lebensstrategie des Abspaltens von Empfindungen. Sie „verlassen" ihren Körper, machen ihn gefühllos und schmerzunempfindlich, der Körper wird als Wegwerfhülle behandelt. Im Kern geht es bei diesen Überlebensstrategien immer darum, sich selbst, bzw. die ausgelösten Gefühle möglichst nicht wahrzunehmen, das verletzte Innere zu schützen, abzuspalten, die eigene Empfindung auf ein Minimum zu reduzieren oder eben sich „weg" zu machen, z.B. auch mit Träumen und Phantasien. Bewußt oder unbewußt ist die massive Gefährdung des Selbst, ist die brutale Grenzverletzung/ Grenzüberschreitung klar. Es entwickelt sich eine Art äußeres und inneres Leben. Diese Spaltung stellt sich bei vielen Frauen als Spaltung zwischen Körper und Empfindungen dar: das Selbst und der Körper sind nicht mehr identisch. Das Selbst zieht sich so weit zurück, daß die äußerliche Gewalterfahrung des fremdgewordenen Körpers keine solche Verletzung mehr sein kann. Die Spaltung vermittelt die Illusion der Kontrolle über sich selbst, wenn schon die Kontrolle des eigenen Lebens, des eigenen Körpers nicht gelingt. Andere leiden darunter, daß sie nur sadomasochistische Phantasien produzieren können, daß nur Gewalt, beziehungsweise Unterwerfung, Demütigung und Erniedrigung zu sexueller Erregung und Entspannung führen.

In den USA beschäftigen sich Professionelle schon seit Jahren mit der Erscheinung von multiplen Persönlichkeitsspaltungen, die ebenfalls Reaktion auf sehr traumatische Kindheitserlebnisse sind. Dabei handelt es sich um Mehrfachabspaltungen von Persönlichkeiten, bzw. Persönlichkeitskomplexen. Diese können sowohl ein bestimmtes Alter haben oder auch für bestimmte Gefühlsbereiche und deren Bewältigung „zuständig" sein. Die Frauen selbst wissen nicht unbedingt davon und beschreiben z.B. Symptome wie „Zeit verlieren", blackouts, oder finden manchmal Sachen in ihrer Wohnung, an deren Kauf sie sich nicht erinnern können. Für Betroffene sind das sehr beängstigende Symptome, die sie befürchten lassen, verrückt zu sein.

Es ist klar, daß all die oben angeführten Symptome auch im Rahmen anderer Krisen oder Krankheitsbilder auftreten können. Aber viele von ihnen sind besonders charakteristisch für sexuelle Gewalt und wenn mehrere davon gemeinsam auftreten, so ist die Wahrscheinlichkeit groß, daß sexuelle Gewalt stattgefunden hat.

B: Therapie – Ein möglicher Weg zur „Ganzheit"

Der Ursprung des Wortes „Therapie" kommt aus dem Griechischen und bedeutet „Dienst, Behandlung, Pflege und Heilung", während das Verb mit „umsorgen" zu tun hat. Es geht in der Therapie darum, einen Menschen so zu „umsorgen", daß er „heil", d.h. „ganz" werden kann. Diese Wörter zu gebrauchen ist heikel und bedürfen einer Präzisierung: Wenn ich Therapie mit „Ganzheit" verbinde, so meine ich damit nicht Vollkommenheit, sondern Vollständigkeit. Die Sehnsucht nach Ganzheit drückt unser Bedürfnis aus, etwas wieder zusammenzufügen, was abgespalten ist. Dabei bleibt frau/man sich bei allem Bemühen um die innere Einheit der Brüche und Zerrissenheit bewußt. Die Ideologie eines total gesunden, heilen und ganzen Menschen erachte ich als äußerst gefährlich! Darauf will ich im folgenden kurz eingehen, weil mir gerade auch im Zusammenhang mit Therapie und Behinderung wichtig scheint, daß wir uns auseinandersetzen mit unserem eigenen Bild vom Menschen.

1: „Du sollst dir kein Bildnis machen"

Die Frage, was denn der Mensch seinem Wesen nach sei, beschäftigte die Gemüter immer wieder und die Antworten waren sehr verschieden. So sagte z.b. Aristoteles, der Mensch sei ein politisches Wesen, Decartes bezeichnete ihn als denkendes Ding, Marx als Arbeitenden usw. Diese positive Bestimmung des Menschen hat aber eine gefährliche Kehrseite. Sie wird da zum Verhängnis, wo der Mensch dieser Definition des Menschseins nicht genügt, wie z.b. „Behinderte", „Asoziale", „Arbeitsunfähige" etc. Durch die Definition wird der Mensch sehr schnell zum Objekt, zu einem Ding. Wenn aber der Mensch durch die Definition zum Objekt wird und dadurch bewertet werden kann, liegt die Versuchung zum Verbrechen bereits in der Luft. Deshalb muß auf jedes positive Menschenbild verzichtet werden, und wir müssen uns mit Jasper's Vorschlag begnügen: „Der Mensch ist mehr, als wir von ihm wissen." Diese Definition ermöglicht die notwendige Weite, daß der Mensch von Geburt auf ein Mensch ist, der das Recht auf Rechte hat, egal welche Eigenschaften und „Mängel" er auch immer haben mag. Niemandem ist es erlaubt, einem Menschen die Würde des Menschseins abzusprechen, weil auch niemand weiß, was diese letztlich ausmacht. „Du sollst dir kein Bildnis machen" wird damit zum Grundpfeiler der Humanität.

Max Frisch sagte dazu etwas sehr Schönes: „Du sollst dir kein Bildnis machen, heißt es von Gott. Es dürfte auch in diesem Sinne gelten: Gott als das Lebendige in jedem Menschen, das, was nicht erfaßbar ist. Es ist eine Versündigung, die wir, so wie sie an uns begangen wird, fast ohne Unterlaß begehen - ausgenommen wenn wir lieben."

Die Frage, bin ich offen, den Rätseln dieses Menschen vor mir mit Ehrfurcht zu begegnen?, stellt sich für mich bei jeder Klientin, bei jedem Klienten. Ich habe den Anspruch ganz besonders auch an alle Professionellen, die in irgend einem Bereich mit Menschen mit einer Behinderung arbeiten, sich mit Fragen auseinanderzusetzen wie: welches Menschenbild prägt mich und meine Arbeit? Konkret: ist ein Mensch mit einer geistigen Behinderung für mich ein erwachsenes Kind, das ich weiterhin zu erziehen habe? Oder ist dieser Mensch für mich eine Frau, ein Mann, mit dem Bedürfnis und dem Recht nach Selbstbestimmung, nach gelebter Sexualität? Wenn ich davon ausgehe, daß Menschen mit einer geistigen Behinderung eine unter anderen möglichen Formen des Menschseins leben und aufgrund ihrer tieferen Intelligenz gewisse Begleitung und Hilfe brauchen, dann ist ein Therapieansatz bei sexuell ausgebeuteten Knaben und Mädchen, Frauen und Männern mit einer geistigen Behinderung grundsätzlich kein anderer als der bei Überlebenden ohne sichtbare Behinderung. Dieser Ansatz verlangt von mir als Therapeutin nicht nur, um meine eigenen Verletzungen zu wissen, nicht nur die Bereitschaft, mich dem schwierigen Thema der sexuellen Gewalt zu stellen, sondern auch einer eigenen Auseinandersetzung mit Behinderung.

2: Therapie liebt Verschüttetes heraus und liebt Heilung hinein

Als Therapeutin beziehe ich mich auf die Selbstheilungskräfte der Klientin/des Klienten, d.h. ich versuche, die innere Heilerin oder den inneren Heiler im Betroffenen zu wecken, die oder den alle Menschen haben.

Für mich gilt in jedem Fall, daß „Selbstfindung" letztlich nur möglich ist im Bezogensein auf einen anderen Menschen. Heilung wird nur da möglich, wo zwei Menschen sich begegnen und in einen Dialog treten; ob dies über das Gespräch oder über das „Spiel" oder über den Körper geschieht, ist vorderhand egal. Wesentlich ist, daß dieser Dialog mehr ist als Projektion und Übertragung, d.h. psychologische Theorien und analytisches Handwerk allein reichen nicht aus, genauso wenig wie „die Zeit allein heilt" - ein gerade auch im Zusammenhang mit der sexuellen Ausbeutung beliebter, weil verharmlosender Volksspruch! Insofern hat Liebe sehr viel mit dem therapeutischen Schaffen zu tun, aber gleichzeitig auch mit Angst vor Liebe, denn Liebe beinhaltet immer auch Verwandlung und Neues macht oft Angst.

Es ist unmöglich, Heilung zu „machen". Als Therapeutin kann ich helfen, Blockaden aus dem Weg zu räumen, die eine mögliche Heilung erschweren, denn Heilung ist ein Entwicklungsprozeß, bei dem der Weg das Wesentliche ist und nicht irgendein anzupeilendes Ziel. Betroffene sind auf einen Menschen angewiesen, der bereit ist, sich wirklich einzulassen, bedingungslos zu glauben, d.h. ganz klar Partei für sie als Opfer zu ergreifen, einen Menschen, dem sie so vertrauen können, daß sie ihn in ihr eigenes Zentrum mitnehmen können. Es ist dann meine Verantwortung als Therapeutin allein, so bewußt mit meinen eigenen Emotionen umzugehen, daß ich mich nicht damit in den gefühlsmäßigen Prozeß der Klientin, des Klienten einmische und dadurch ihren/seinen Prozeß störe.

3: Heilung ist immer der Prozeß der Betroffenen selber

Genau in dieser Arbeit mit Überlebenden kommt das Menschenbild so sehr zum Tragen und kann ein wesentlicher Bestandteil des Heilungsprozesses sein; es kann gerade so gut aber auch verheerende Wirkungen haben, nämlich dann, wenn ich als Therapeutin meine zu wissen, wie der Prozeß zu verlaufen habe und damit Überlebende einmal mehr traumatisiere. Auch Opfer mit einer geistigen Behinderung entscheiden sich selber für das Tempo oder für Unterbrechungen. Sie geben deutliche Zeichen, indem sie z.B. während der Therapiestunde dauernd auf die Uhr schauen, das Thema wechseln, wenn es für sie im Augenblick zu viel oder zu schwierig wird oder indem sie über längere Zeit nicht mehr in die Therapie kommen wollen. Auch das liegt in der Verantwortung der Therapeutin, derartige Zeichen und Signale zu erkennen und als solche zu respektieren, d.h. es muß jeglicher Druck vermieden werden, weil sonst auch in der Therapie wieder Grenzen überschritten werden. Das wiederum setzt voraus, daß ich die Klientin oder den Klienten als vollwertige Persönlichkeit respektiere und sie nicht als „Geistigbehinderte" abtue oder als krank und unheilbar abstemple, ebenso wenig wie ich sie oder ihn auf das Problem der sexuellen Ausbeutung reduzieren darf.

Der Heilungsprozeß bei sexueller Ausbeutung ist ein langer, oft auch langsamer Weg, weil sexuelle Gewalt jeden Menschen in seiner Integrität, in der Mitte seiner ganzen Persönlichkeit verletzt, vernichtet. Daher braucht dieser Weg sehr viel Zeit und Geduld, bei Opfern mit einer geistigen Behinderung oft noch mehr, jedenfalls ist die Arbeit mit ihnen noch subtiler zu gestalten. Auch sie haben als Überlebende große Angst vor dem Verlassenwerden und stellen uns als Professionelle mit allem Möglichen immer wieder auf die Probe, ob wir sie nicht doch auch fallenlassen. Hier

ist es ebenso wichtig, wachsam zu sein und solche „Spiele"
als Vertrauensproben zu erkennen .

4: Was besonders zu beachten ist

In der Therapie kann mit Menschen mit einer geistigen
Behinderung mit Sandkastenspiel oder mit anatomischen
Puppen sehr gut gearbeitet werden. Anhand der anatomischen Puppen (diese sind mit allen Geschlechtsmerkmalen
ausgestattet: Zunge, Brüste, Brustwarzen, Brust-, Achsel-
und Schamhaare, Penis, Hoden, Klitoris, Scheide, darin ein
Baby und After) können Betroffene sehr genau zeigen, was
mit ihnen gemacht wurde, sie können Erlebtes darstellen,
das sie weder richtig verstehen noch in Worte fassen können. Diese Puppen sind darüber hinaus während des ganzen Therapieprozesses sehr hilfreich z.B. für die Sexual-
aufklärung oder für spielerisches Einüben, sich zu wehren.
Dabei sind Wiederholungen von höchster Wichtigkeit, damit Gelerntes zur Gewohnheit werden kann, das, wenn nö-
tig, einfach da ist.

Bei therapeutischer Arbeit auch mit Erwachsenen mit einer geistigen Behinderung scheint es mir wichtig, den Hel-
fer/innenkreis z.T. stark mit einzubeziehen, damit diese im
Alltag den therapeutischen Prozeß unterstützen können. Ich
will das an einem Beispiel verdeutlichen: es nützt nichts,
wenn ich in der Therapie mit einer Betroffenen Stunde für
Stunde übe, „Nein" zu sagen, ihr zu lehren versuche, daß
sie „Nein" sagen darf; und am Abend wird zu Hause oder
im Heim ihr „Nein" überhört oder nicht akzeptiert, wenn
sie z.B. noch nicht ins Bett will, oder keine Lust hat, abzu-
waschen. Aus diesem Grund ist es wichtig, daß Eltern oder
andere Helfer/innen in den Prozeß miteingebunden werden.

Auch für Überlebende mit einer geistigen Behinderung
besteht ein wesentlicher Teil des Heilungsprozesses darin,
Gefühle wie Wut und Trauer, aber auch Freude und Lust
wieder zu entdecken, denn es gehört zur Überlebensstrategie
von Betroffenen, Gefühle abzuspalten und zu verdrängen,
weil der Schmerz durch die ihnen zugefügte Verletzung nicht
ertragbar wäre. In diesem Wiederentdeckungsprozeß ihrer
eigenen Gefühle begegnen Menschen mit einer geistigen
Behinderung oft auch zum ersten Mal der Wut oder Trauer
über ihre Behinderung. Viele Eltern von Kindern oder Ju-

gendlichen mit einer geistigen Behinderung fürchten nämlich diese Frage und haben aus der eigenen Angst, aus dem eigenen Schmerz, ihr Kind damit konfrontieren zu müssen, nicht selten so getan, als wäre nichts, die Behinderung wurde verharmlost. Spätestens jetzt ist eine Auseinandersetzung mit der Behinderung und der dazugehörige Trauerprozess notwendig, weil er Voraussetzung ist für eine weiterführende Sexualpädagogik.

Für Überlebende ist das Zurückerobern des Körpers als Ort der Lust wichtig! In diesem Zusammenhang scheint mir von Bedeutung, aufmerksam zu sein als Therapeutin auf den Augenblick, wo dieses Bedürfnis angemeldet wird. Massagen helfen auf sinnlich erfahrbarer Ebene, daß mit dem Körper auch liebe- und respektvoll umgegangen werden kann. Es ist wichtig, daß Betroffene auf diese Weise lernen, selber sorgsam ihren Körper zu pflegen. Dazu gehört aber auch, sich für den eigenen Körper zu wehren, Grenzen zu setzen. In diesem Zusammenhang sind Selbstverteidigungskurse auch für Menschen mit Behinderung sehr wichtig.

Menschen mit einer geistigen Behinderung haben das Bedürfnis und das Recht auf Liebe, Zärtlichkeit und Sexualität. Es scheint mir ein wesentlicher Aspekt des Heilungsprozesses zu sein, daß sie erfahren und erleben können, was liebevolle Sexualität ist, bei der sie als Person gemeint sind und nicht einfach als Objekt ausgebeutet werden. Daher ist es wichtig, dafür besorgt zu sein, daß außerhalb der Therapie Möglichkeiten geschaffen werden, wo Frauen und Männer mit einer geistigen Behinderung sich mit Anderen auf ihrer Ebene treffen und kennenlernen können. Und somit beeinflußt der Weg der Selbstfindung immer auch außerhalb des Individuums und gestaltet damit ein Stück Welt mit.

Literatur

D. Finkelhor, American Journal of Orthopsychiatry, 1985

BEDEUTUNG UND MÖGLICHKEITEN DER PRÄVENTION UND FORTBILDUNG IN SONDERKINDERGÄRTEN, SONDERSCHULEN UND EINRICHTUNGEN DER BEHINDERTENHILFE

Lambert Esser

Vorbemerkung

Viele Mitarbeiter in schulischen und sozialen Einrichtungen, die sich zum Ziel die Förderung, Rehabilitation und Gestaltung des Lebens- und Arbeitsraums für behinderte Menschen gemacht haben, sind verunsichert oder geraten in eine Helferkrise, wenn sie mit sexueller Gewalt an Behinderten in einer wie auch immer gearteten Form plötzlich konfrontiert werden. Aus eigener Erfahrung und nach einem langjährigen Lernprozeß möchte ich anderen Kollegen/innen Hilfestellungen und Perspektiven aufzeigen, um eine professionelle Haltung sowohl in der Präventionsarbeit als auch im Ernstfall der Aufdeckung einer sexuellen Mißhandlung zu erreichen.

Die Kürze der Zeit läßt nur die Darlegung eines Grundgerüstes zu. Es kann leider nicht intensiver auf die nicht minder wichtigen Einzelheiten eingegangen werden. Diese wiederum müßten durch zeitlich ausgedehntere Fortbildungen vertieft werden.

1. Definition

Unter den vielen Definitionen von sexueller Gewalt möchte ich Ihnen folgende anbieten:

„Sexuelle Gewalt wird als individuelle gewalttätige Handlung im weitesten Sinne verstanden und umfaßt jede ungewollte Handlung gegen den Willen des Opfers (von ungewollten Berührungen bis zum erzwungenen Geschlechtsverkehr), bzw. jede sexuelle Handlung, der das Opfer aufgrund mangelnder körperlicher, psychischer, kognitiver, sprachlicher und sozialer Fähigkeiten nicht zustimmen kann."[1]

Dies ist meines Erachtens die umfassendste Definition, die neben der sexuellen Gewalt auch die vielfältigen Möglichkeiten von Behinderung einschließt. Die Begriffe „Sexuelle Gewalt" und „Sexuelle Mißhandlung" werden meinerseits synonym verwendet.

2. Sexuelle Mißhandlung als Syndrom von Abhängigkeit und Geheimhaltung[2]

Langfristige sexuelle Mißhandlung in der Familie oder anderen nahestehenden Bezugspersonen hat eine andere Dynamik als zum Beispiel eine einmalige Ausübung von sexueller Gewalt von Außenstehenden. Die sexuelle Mißhandlung in der Familie oder nahestehender Bezugspersonen steht immer im Kontext von Beziehungen und wird von den Betroffenen als traumatische Erfahrung oft über einen längeren bis zu vielen Jahren andauernden Zeitraum erlebt.

Die Angst des Täters oder der Täterin, wohlwissend um das eigene Fehlverhalten, entdeckt zu werden und die Angst des betroffenen behinderten Kindes, Jugendlichen oder gar Erwachsenen durch Bedrohung, Aufforderung durch den/die Täter/in, Unwissenheit was mit ihr/ihm geschieht und eigene Schuldgefühle lösen das Syndrom der Geheimhaltung aus.

Dieses führt unmittelbar zu den Voraussetzungen der Anpassung analog einer Situation in Konzentrationslagern oder Geiselnahmen durch

- die permanente Bedrohung
- nicht aus der Situation aus eigener Kraft herauszukommen
- die Mißhandlung nicht beenden
- und nicht darüber reden zu können, schlimmstenfalls gar keine Ausdrucksmöglichkeit aufgrund der Behinderung zu haben.

Die Geheimhaltung ist ein bewußter Prozeß, der aus Angst, Loyalität und Bindung entsteht. Das Syndrom der Abhängigkeit ist ebenso ein ineinandergreifender und sich abschließender Teufelskreis der sich gegenseitig bedingt.

Das Syndrom der Abhängigkeit des/der Täters/in ist gekennzeichnet durch:

- wissen, daß es falsch ist, so zu handeln
- wissen, daß dem Kind, Jugendlichen Schaden zugefügt wird

- die Spannungsabfuhr (Masturbationseffekt)
- im Zwang zur Wiederholung der Tat
- in der psychologischen Abhängigkeit
- in der Ausschaltung der Wirklichkeit, Realitätsvermeidung
- syntonischer sexueller Aspekt (high-kick) des Ichs des/der Täters/in.

Die Abhängigkeit des Kindes, Jungendlichen oder erwachsenen Behinderten liegt im Kontext der strukturellen Bedingungen und der Beziehung, in der sie mit den mißhandelnden Bezugspersonen stehen. Eltern, Verwandte, Betreuungs- und Pflegepersonen haben strukturelle Verantwortung und somit auch Gewalt und Macht. Somit liegt die Verantwortung für die Mißhandlung immer bei dem, der die strukturelle Gewalt und Macht innehat. Bei Mißhandlung durch Behinderte untereinander kann auch der Altersunterschied oder der Grad der Einschränkung durch die Behinderung ausschlaggebend sein.

Abschließend sei noch erwähnt, daß die seelischen Schädigungen bei sexueller Mißhandlung abhängig vom Lebensalter zu Beginn der Mißhandlung, dem Zeitraum und der Intensität der Bindung an den Täter/in sind.

3. Behinderung als Risikofaktor

Aufgrund meiner bisherigen Erfahrungen und gestützt auf Hinweise in der Literatur, erhöht Behinderung die Wahrscheinlichkeit einer sexuellen Mißhandlung dadurch, daß behinderte Kinder eher als andere Kinder emotional bedürftig sind. Denn sie gehen davon aus, daß ein Teil der Eltern durch den emotionalen und sozialen Druck, den ein behindertes Kind in unserer Gesellschaft mit sich bringt, frustriert oder erschöpft ist. Daraus wird geschlossen, daß sie ihrem Kind zu wenig Wärme und Geborgenheit geben können. Als zweites Argument für diese These wird angeführt, daß verhaltensauffällige und behinderte Kinder, Jugendliche und Erwachsene häufiger stationär untergebracht und in den Institutionen oftmals wenig Geborgenheit finden. Von Tätern ist nun aber bekannt, daß sie sich oft gerade solche Behinderte als Opfer aussuchen, da sie leicht zu manipulieren sind.[3/4]

Ein weiterer Risikofaktor ist, daß behinderte Kinder häufiger als andere Kinder von Erwachsenen abhängig sind, unter deren Kontrolle sie stehen. Allein die größere Anzahl von Pflegepersonen erhöht das Risiko, sexuell mißbraucht zu werden.[5/6]

Darüber hinaus wird behinderten Kindern, gerade weil sie von der Pflege anderer abhängig sind, noch stärker eingebleut, daß sie Erwachsene zu respektieren haben. Ein fügsames, abhängiges Kind ist leichter zu versorgen als ein rebellisches.[7] Auch diese Tatsache erhöht das Risiko, sexuell mißbraucht zu werden.[8]

Ein Teil der Täter meint, daß das Risiko, ein behindertes Kind zu mißbrauchen, geringer ist. Denn sie gehen davon aus, daß sich beispielsweise körperbehinderte Menschen schlechter wehren können, blinde Menschen die Täter schlechter identifizieren können. Von geistig behinderten Menschen nehmen die Täter an, daß sie nicht verstehen, was da überhaupt passiert und ihnen vielleicht die sprachlichen Möglichkeiten fehlen, sich mitzuteilen.[9]

Die von den Tätern angenommene, aber nicht immer gegebene Wehrlosigkeit behinderter Menschen resultiert nicht nur aus der Behinderung. Sie ist dadurch mitverursacht, daß kaum ein behindertes Kind über sexuellen Mißbrauch aufgeklärt wird. Für die meisten nicht behinderten Kinder gehört dieses Thema dagegen inzwischen zum schulischen Lernstoff. Erschwert wird die Präventionsarbeit mit behinderten Kindern dadurch, daß in Deutschland bisher jegliche auf die Bedürfnisse behinderter Menschen abgestimmte Präventionsmaterialien fehlen.[10/11]

Ich bin der Auffassung, daß behinderte Menschen in der Gefahr stehen, Opfer jeglicher Art von Gewalt zu werden, weil sie an den Rand der Gesellschaft in eine ohnmächtige Lage gedrängt werden. Es darf niemanden erstaunen, daß in der Gesellschaft, in der immer lauter über das Lebensrecht eines Teils der behinderten Menschen gestritten wird, sich die Achtung vor Behinderten in erheblichem Maße verringert.

4. Prävention: Die Prophylaxe zur Verringerung des Risikofaktors Behinderung

Vorweg sei gesagt, daß die primäre Prävention die Täterarbeit ist, mit dem Ziel, daß der/die Mißhandler/in keine sexuelle Gewalt mehr ausübt. Diese Arbeit ist jedoch in den Einrichtungen selbst selten durchführbar. Dennoch gibt es zur Stärkung der Position der Behinderten ausreichend viele Ansatzpunkte. Im folgenden möchte ich die wesentlichen Bedingungen und die Arbeit in der Prävention darstellen.

4.1 Der Auftrag

Präventionsarbeit ist eine verantwortungsvolle Tätigkeit, die auch als solche verstanden und durchgeführt werden muß. Sie beinhaltet zu einem wesentlichen Anteil den Beziehungsaspekt des Vertrauens zu den Kindern, Jugendlichen und jungen Erwachsenen. Auf der anderen Seite kann der/die Initiator/in heftigen Anfeindungen, die oft plötzlich und unerwartet kommen, ausgesetzt sein. Um dies zu vermeiden ist es wichtig, einen pädagogischen Auftrag herzuleiten.

Als Ableitungen können wie folgt dienen:
• Erlasse des Kultusministers zur Sexualerziehung
• pädagogische Konzepte der Einrichtungen
• konkrete Vorfälle von sexueller Gewalt, die im weiteren Rahmen einer Aufarbeitung bedürfen, z.B. Mitschüler, in der Wohngruppe u.a.

In hierarchisch gegliederten Einrichtungen sollten die Vorgesetzten darüber in Kenntnis gesetzt werden und gegebenenfalls das Einverständnis eingeholt werden, um gegen Anfeindungen von anderer Seite her abgesichert zu sein.

Bei Kindern, Jugendlichen und jungen Erwachsenen die unter gesetzlicher Betreuung stehen, ist das Einverständnis der Erziehungsberechtigten und Betreuer einzuholen, oder zumindest die Information dieser unbedingt notwendig, damit unnötige Auseinandersetzungen während der Präventionsarbeit verhindert werden.

4.2 Das Prinzip der alltäglichen Prävention

Einige Präventivmaßnahmen bedürfen keiner Absicherung von außen, da sie abhängig von unserer Person in der Arbeit und im Umgang mit den Behinderten sind. Diese wird wiederum geprägt durch unsere innere Haltung im Umgang mit Beziehungen. Da Behinderte oft in hoher Abhängigkeit zu nichtbehinderten Bezugspersonen stehen, ist es besonders wichtig, eine gesunde, den Verhältnissen angemessene und verantwortungsvolle Beziehung zu erhalten, die die Grenzen, insbesondere die körperlichen Grenzen wahrt. Man kann die Pflege eines behinderten Menschen mechanisch durchführen und die Sauberkeit und Schnelligkeit als oberste Maxime ansehen, oder aber menschenwürdiger behutsam und einfühlsam fragen, was, wo, und wie ich pflegen soll und mir Rückmeldung abholen, ob mein Handeln für den Behinderten angenehm oder unangenehm ist. Ganz besonders wichtig dabei ist es, die vom Behinderten gesetzten Grenzen soweit als möglich einzuhalten. Da viele Behinderte es kaum gelernt haben, Grenzen zu ziehen, bedeutet dies, ihnen die Erlaubnis zu geben, sich auch der Bezugsperson gegenüber abzugrenzen und nein zu sagen. Nicht nur Worte sondern auch körperliche und mimische Ausdrucksformen sollten respektiert werden.

Ein weiteres alltägliches Beispiel ist das Füttern, wo häufig Grenzen aus verschiedenen Gründen wie selbstverständlich übergangen werden. Körperliche Zudringlichkeit bis hin zur Ausübung körperlicher Gewalt sollten tabu sein und sind allein Zeichen unserer pädagogischen Hilflosigkeit.

Ein weiterer wichtiger Aspekt ist die Wahrung der Intimsphäre behinderter Menschen. Dies umfaßt den Lebensraum wie auch die persönlichen Bedürfnisse. Wie schnell man diese im Alltag von Pflege und Versorgung überschreitet, wird einem erst bewußt, wenn man gezielt darauf achtet. Hier gilt es insbesondere, den Maßstab und Anspruch, den wir für uns selbst haben, bei den Behinderten altersentsprechend im Sinne des Entwicklungsstandes umzusetzen und die Bedingungen dafür zu schaffen.

Selbstverständlich sollten Regeln und Konzepte von den Mitarbeitern zu beiden hier genannten Bereichen erarbeitet und ständig reflektiert werden.

Achtung! Auch unsere Sprache kann die Intimsphäre schnell und scharf verletzen.

4.3 Gezielte Pravention sexueller Gewalt

Während im vorhergehenden Punkt die gesunde Beziehungsstruktur aufgezeigt wurde, befasse ich mich nun mit der zielgerichteten Prävention. Diese bedarf eines Auftrages und Abklärung der Rahmenbedingungen. Sie kann in einer Gruppe, Klasse, Wohngruppe oder als offenes Angebot einer Einrichtung angeboten werden. Sie muß den emotionalen, kognitiven, sprachlichen und körperlichen Möglichkeiten der Teilnehmer/innen angepaßt sein.

Eine gezielte Prävention sexueller Gewalt darf niemals Angst übertragen und sollte den Behinderten in seiner Persönlichkeit stärken.

Folgende Aspekte sind dabei grundsätzlich zu bearbeiten:

- die Wahrnehmung der eigenen Gefühle
- die Wahrnehmung des eigenen Körpers
- Berührungen zu deuten
- Grenzen ziehen, Nein sagen
- Geheimnisse zu deuten
- Hilfe holen [12]

Stufe 1: Die Wahrnehmung der eigenen Gefühle

Im Alltag werden häufig die Gefühle von Behinderten negiert, z.B. „Du brauchst keine Angst zu haben", und dennoch ist die Angst vorhanden. Insbesondere Wut, Trauer und sexuelle Empfindungen werden oft durch unsere Sprache oder Verhaltensweisen abgetan, verboten oder unterdrückt. Dies führt dazu, daß die Wahrnehmung und Benennung der Gefühle für Kinder z.B. erschwert wird, schlimmstenfalls sogar die Gefühle in fehlgeleitete Ausdrucksformen z.B. Autoaggression umgeleitet werden. Von daher sollte jedes Gefühl bestärkt und benannt werden, sowie eine gesunde Ausdrucksform erlernbar werden. Es gibt eine Reihe von Möglichkeiten dies zu schulen.

- Es werden Gefühle vorgespielt, z.b. ich bin wütend, ich bin glücklich, ich weine, ich habe Angst, ich wehre mich, ich bin mutig usw.
- Es kann eine Geschichte erzählt werden, z.b. als ich einmal sehr traurig war, weil ... usw.
- Es können Bilder gemalt oder Gesichter ausgeschnitten werden, die unterschiedliche Gefühle zeigen
- Rollenspiele z.B. Märchen
- Gedichte, Reime, Lieder
- Merkwürdige oder komische Gefühle, also die, die schwer einzuordnen sind, sollen auch erzählt und benannt werden.

Stufe 2: Die Wahrnehmung des eigenen Körpers

Da Behinderte, insbesondere Körperbehinderte, sich eher als unvollkommen annehmen, ist es sehr wichtig, sich der Wahrnehmung des eigenen Körpers zu widmen. Dies bedeutet oft, sich als ganzes wahrzunehmen und eine liebevolle Einstellung zu sich zu gewinnen.

Rollstuhlfahrer wissen oft nicht, wie groß sie sind, da sie sich häufig nur sitzend wahrnehmen. Ein Hilfsmittel kann es sein, die Umrisse des Körpers auf Papier liegend aufzumalen und mit Bildern von Läufern zu vergleichen. Ein Spiegel, der die Ganzheit des Körpers widerspiegelt, mit der Aufforderung sich einmal genau wahrzunehmen, bietet auch eine gute Möglichkeit.

Ebenso zählt zur Körperwahrnehmung anhand eines Körperschemas die Benennung aller Körperteile und deren Funktionen. In der Pubertät ist es dabei auch sehr wichtig, die Veränderungen des Körpers und seiner Funktionen altersgemäß und den Möglichkeiten des Behinderten adäquat zu vermitteln. Wichtig dabei ist, daß die Sexualität und die dazu gehörenden Körperteile nicht übergangen werden. Dabei sollte man sich auf den Sprachschatz der Behinderten einlassen und gegebenenfalls neue Begriffe einführen. Das Ausklammern der Sexualität fördert die Unwissenheit und Fehlinformation, die wiederum sexuelle Gewalt erleichtern.

Stufe 3: Berührungen

Die Behinderten sollen in dieser Stufe lernen, gute und schlechte Berührungen, aber auch merkwürdige Berührungen zu unterscheiden und eine Ausdrucksform finden, diese abzuweisen und ihr Unbehagen zu zeigen.

In dieser Stufe ist es ebenso wichtig, durch eigenes Verhalten ein Vorbild zu sein. Statt einer festen Umarmung o.ä., Körperkontakt zunächst mit den Händen beginnen und erst nach dem Nachfragen: „Darf ich Dich umarmen" oder „darf ich Dir einen Kuß geben", dieses dann tun. Auch Schmusen bedarf der Erlaubnis, sonst kann es ein merkwürdiges Gefühl auslösen.

Folgende Übungen können gemacht werden:

- Was mag ich gern, was mag ich nicht?
- Was darf welche Person und wie ist mein Gefühl?
- Ausmalen und Vorlesen der Hefte „Kein Küßchen auf Kommando", „Kein Anfassen auf Kommando"

Stufe 4: Nein sagen

Auf körperlicher Ebene ist dieses schon in Stufe 3 enthalten. Dennoch gibt es viele Situationen, die eine Grenzziehung durch Nein sagen erforderlich machen. Viele Behinderte trauen sich nicht, Nein zu sagen und passen sich lieber aufgrund ihrer Abhängigkeit der jeweiligen Situation an. Hier ist es wichtig, Situationen deutlich zu machen, in denen Behinderte die Erlaubnis haben, Nein sagen zu dürfen oder aber durch weggehen, wegfahren oder anderen Ausdrucksmöglichkeiten das Nein zu verdeutlichen.

Dies kann dazu führen, daß der alltägliche Umgang in der Beziehung sich zunächst schwieriger gestaltet und das neu erlernte erprobt wird. Deshalb gilt es genau zu unterscheiden, wann und in welcher Situation ein Nein angesagt ist. Dazu eignet sich das Spiel „Was wäre wenn

... z.B. ein unbekannter Mann in die Wohngruppe kommt". Ebenso kann man eine Gruppe in die Ja-Rufer und eine Gruppe in die Nein-Rufer einteilen und später wechseln. Darüber hinaus die Übung „Komm her - nein" und „Geh weg - nein" machen, wobei sich Partner finden und sich an den Händen gefaßt wird. „Komm her" zieht und „nein" wehrt sich und „Geh weg" drückt und „nein" hält dagegen, beides jedoch in wechselnden Rollen. Diese Übung läßt auch die Wahrnehmung der eigenen Stärke zu.

Stufe 5: Geheimnisse

Dieses Thema ist je nach Möglichkeit der Behinderten etwas schwierig zu behandeln. Bei mangelnder Fähigkeit in Ansätzen abstrakte Begriffe zuzuordnen und zu begreifen, ist dieses Thema schwer abzuhandeln. Es gilt, gute und schlechte Geheimnisse zuzuordnen anhand von Beispielen. Gute Geheimnisse machen Spaß z.B. Geburtstagsüberraschung. Geheimnisse, die einen bekümmern, sind schlechte und darüber darf auch mit anderen gesprochen werden, auch wenn man gesagt hat, daß man nichts weitererzählt. Gemeinsam können Beispiele von Geheimnissen erarbeitet werden und später vielleicht jeder ein kleines Geheimnis erzählen von sich, was noch keiner kennt. Machen Sie deutlich, daß Sie sich gut mit Geheimnissen auskennen und auch ein Geheimnis für sich behalten können.

Stufe 6: Hilfe holen

Die letzte Stufe soll aufzeigen, wie man sich Hilfe holt bei Gleichaltrigen, Behinderten und Erwachsenen. Dies kann mit kleinen Beispielen gelingen, z.B.

- einen Stuhl hochheben
- einen Tisch wegschieben oder anheben
- einen Korb mit zwei Griffen wegtragen.

Je schwerer die Aufgabe ist, um so mehr Hilfe muß dazu geholt werden. Zudem können Beispiele benannt werden, wo jeder einzelne Hilfe benötigt, z.B. beim Essen, Schuhe anziehen, Lesen u.v.a.m.

Dies war ein Beispiel für Prävention bei einem entsprechenden Entwicklungsstand bis 11 Jahre. Jugendliche und junge erwachsene Behinderte brauchen in der Präventionsarbeit eher den Schwerpunkt einer differenzierten sexualpädagogischen Information und Aufklärung im Sinne einer Begleitung in einem der Behinderung entsprechenden Sprache und Anschauungsmaterial.

Ein wesentlicher Aspekt der Prävention ist die begleitende Arbeit mit den Eltern und Reflektionen der Arbeit mit Kollegen/innen.

4.4 Auswirkungen der Prävention bei Behinderten, die sexuelle Gewalt erleben

Bei jeglicher Prävention sollte sich jeder Ausführende darüber bewußt sein, daß unter den Teilnehmern ein unmittelbar betroffenes Kind oder Jugendlicher sich befinden kann oder bei Erwachsenen alte Erfahrungen neu bewußt werden.

Die gezielte Prävention kann den Druck auf unmittelbar Betroffene wesentlich erhöhen und zu verstärkten Schuldgefühlen führen. In diesen Fällen muß unbedingt eine Erläuterung erfolgen, daß der Täter die Verantwortung für den Ablauf der Mißhandlung trägt. Sollte sich ein Mädchen oder Junge unwohl fühlen oder nicht mehr teilnehmen wollen, ist diesem Wunsch nachzukommen. In Einzelgesprächen kann dann die Situation aufgearbeitet werden. Niemand soll auch zu einer aktiven Teilnahme an allen Übungen gezwungen werden. Zusehen hilft auch. Diesen Behinderten sollte besondere Aufmerksamkeit geschenkt werden und die Beziehung allgemein intensiviert werden.
Während oder nach der gezielten Prävention kann es zu einer Aufdeckung kommen. Um in dieser Situation professionell Handeln zu können, sollte sich der/die Initiator/in durch eigene Fortbildung im Vorfeld fit machen, oder sich unmittelbar fachliche Hilfe suchen. Niemals unüberlegt, emotional und überstürzt handeln.

5. Fortbildungen für Mitarbeiter in Sonderkindergärten, Sonderschulen und Einrichtungen der Behindertenhilfe

Obwohl seit Mitte der achtziger Jahre sexuelle Gewalt an Kindern und Jugendlichen verstärkt in der Fachwelt diskutiert und durch die Massenmedien seit ca. 5 Jahren die Problematik öffentlich aufgezeigt wird, beginnt erst jetzt im Rahmen der Sondereinrichtungen der Hilfe und Förderung Behinderter, abgesehen von wenigen akut aufgedeckten Fällen, das Tabu von „Sexualität und Behinderung" und das Tabuthema im Tabu „Sexuelle Gewalt und Behinderung" aufzubrechen.

Seit 2 Jahren bieten meine Kollegin Frau M. Daniel (Dipl. Psych.) und ich Fortbildungen für Mitarbeiter in oben genannten Einrichtungen an. Zunächst kamen die Anfragen während laufender Fälle oder im nachhinein. Unser im fließenden Prozeß erweitertes Konzept stellt sich heute wie folgt dar:

- Theorieseminare
- Fallseminare
- Fallberatung
- Mitarbeiterschulung für die Präventionsarbeit

5.1 Theorieseminare

In diesen Seminaren wird den Mitarbeitern ein Rüstzeug an Information über Sexuelle Gewalt und Behinderung vermittelt, um die Aufmerksamkeit der Mitarbeiter für das Thema zu schulen und das Thema zu enttabuisieren.

Ein weiterer Aspekt ist es, Kenntnisse zu erhalten über reflektiertes professionelles Verhalten zum Schutz und zur Hilfestellung betroffener Behinderter.

Ein letzter Punkt ist es, den Prozeß der Prävention in der Einrichtung in Gang zu bringen.

Folgende Themenschwerpunkte werden erarbeitet:

- Struktur der sexuellen Mißhandlung
- Symptome und Folgen auf der körperlichen, psychischen und Verhaltensebene behinderter Opfer
- Zahlen, Vorkommen

- Umgang mit Vermutungen
- Die Bedeutung der Prävention
- Der Prozeß der Aufdeckung
- Möglichkeiten und Grenzen der Diagnostik
- Der/die Täter/Täterin; Persönlichkeitsstruktur und Verhalten
- Die Rolle der Mütter im Kontext sexueller Mißhandlungen
- Einschaltung des Jugendamtes, Polizei, gesetzlichen Betreuers im Verlauf des Prozesses
- Umgang mit und Durchführung einer Helferkonferenz
- Familienrechtliche und strafrechtliche Möglichkeiten und deren Wechselwirkungen auf das behinderte Opfer
- Die Krise des Helfers - Die Krise der Helferkonferenz

Die Fülle der Einzelpunkte erfordert je nach Intensität zwei bis drei Seminartage. Die Behandlung der einzelnen Aspekte richtet sich nach dem Wissensstand der Teilnehmer sowie deren Interesse und Wichtigkeit in Ihrer Arbeit; z.B. mehr Informationen zu Prävention und Aufdeckung und nur Kurzinfo zu familienrechtlichen und strafrechtlichen Möglichkeiten.

Die Erfahrungen haben gezeigt, daß akute Fragen und aufkommende Vermutungen sowie konkrete Fälle beispielhaft mit in das Seminar eingebaut werden können. Das Ziel, die Aufmerksamkeit der Mitarbeiter zu schulen, mit dem Kontext sexuelle Gewalt professionell umgehen zu können, wird fast immer durch die Teilnehmer in der Veränderung ihrer Denkweise bestätigt.

5.2 Fallseminare

Dieses Seminar baut auf dem Theorieseminar auf und findet erst nach ca. einem halben Jahr statt. In dieser Zeit können interessierte Kollegen/innen anhand der Literatur die Thematik vertiefen und in ihren Arbeitsbereichen das erhaltene Wissen bei Vermutungen oder Aufdeckungen verwenden.

Da sich in der Arbeit jedoch sehr schnell weitere Fragen ergeben, bietet das Fallseminar eine gute Möglichkeit, diese durch Darstellung der Fälle aufzuarbeiten. Das im Theorieseminar erlangte Wissen wird wieder aufgefrischt, die innere Haltung zum Thema vertieft und durch verschiedene Methoden wie kollegiale Fallberatung, Rollenspiele u.a. konkret umgesetzt.

Die Erfahrung zeigt, daß gerade durch diesen unmittelbaren Umgang mit den Fragestellungen der Arbeit vor Ort die Teilnehmer mehr Sicherheit erlangen und die Krise des Helfers oder einer Helferkonferenz im Kontext der Arbeit mit neuem Blickwinkel und neuen Anhaltspunkten bearbeitet wird. Wichtig ist dabei, daß als Ergebnis zumindest der nächste unmittelbare Schritt erarbeitet wird.

5.3 Fallberatung

In akuten Fällen werden bei Aufdeckung oder Vermutung von sexueller Gewalt häufig Krisen einzelner Mitarbeiter oder ganzer Teams ausgelöst. In diesen Krisen wird häufig eine Beratung von außen notwendig, zum einen um die Betroffenheit der Mitarbeiter aufzufangen, um eine Ausdehnung der Krise durch unkoordinierte Spontanreaktionen zu verhindern, zum anderen die Gefühle von Hilflosigkeit in der Situation oder den häufig hohen Grad der Identifikation mit dem behinderten Opfer aufzufangen. Alle drei Aspekte führen zu einer professionellen Handlungsunsicherheit bis hin zur Unfähigkeit, Handlungsstrategien zu entwickeln.

Da jedoch gerade im Kontext sexueller Mißhandlung jeder zu unternehmende Handlungsschritt in Bezug auf die Auswirkungen für das behinderte Opfer gut reflektiert werden muß, ist eine Fallberatung, die die Bedürfnislage der Mitarbeiter im Auge hat und hier unterstützend wirkt und gleichzeitig die einzelnen Rollen der Mitarbeiter mit den zu leistenden Handlungsschritten in eine gemeinsame Handlungsstrategie umsetzt, eine erfolgversprechende Methode, um der häufig auftretenden Krise einzelner Mitarbeiter zu begegnen und dem behinderten Opfer Klarheit und Sicherheit in seiner äußeren Umgebung zu geben, die es jetzt besonders notwendig braucht.

Die Fallberatung ist ein Instrument, das in einmaliger oder in zu vereinbarenden Abständen als Begleitung erfolgt. Die Aufgabe des Beraters umfaßt dabei, sein Fachwissen zur Verfügung zu stellen, die Koordination der Handlungsschritte vorzunehmen und gegebenenfalls weiterführende Hilfestellungen zu initiieren.

5.4 Mitarbeiterschulung in der Präventionsarbeit

Die Präventionsarbeit bedarf einer gewissen Einübung und Reflektion eigenen Verhaltens, insbesondere in Bezug auf den inhaltlichen Anteil der Informationen und Umgang mit sexueller Aufklärung. Eine möglichst wenig wertende Grundhaltung und ungehemmte Sprache sind maßgebliche Grundvoraussetzungen. Die Tatsache, sexuelle Handlungen zu beschreiben, Begriffe der Sexualität zu benennen wird in diesen Fortbildungen eingeübt, da sie selten so flüssig über die Lippen gehen, weil z.B. wertende Urteile von Kollegen, Eltern u.a. befürchtet werden, oder man zu dem Schluß kommt, nicht die richtigen Worte zu finden.

Da häufig Sexualität im Alltag wahrgenommen und gelebt wird, jedoch selten über Wahrgenommenes und Erfahrenes gesprochen wird, gilt es, die Erlaubnis zu geben, Fragen zur Sexualität zu stellen und über sexuelle Erfahrungen und Gefühle, die diese auslösen, zu sprechen.

Außerdem werden dabei Methoden aufgezeigt, Informationen und Aufklärungsmaterial sinnvoll den Behinderten in einer ihnen verständlichen Art und Weise näherzubringen.

Zudem haben Fortbildungen dieser Art den Effekt, Sexualität und Behinderung in einem neuen Blickwinkel zu sehen. Die Folge ist dann, daß Sexualität Behinderter in der Einrichtung wahrgenommen, erlaubt und gelebt werden kann.

Nichtbehinderte haben häufig von Behinderten die Vorstellung und Wahrnehmung eines geschlechtslosen Neutrums. Wahrgenommene sexuelle Bedürfnisse von behinderten Jungen und Mädchen, Frauen und Männern führen zu einer Identifikation derselben, zunächst Mann und Frau und nachrangig behindert zu sein. Dies erfordert eine offensive Pädagogik, die durch diese Fortbildung vermittelt wird.

6. Schlußbemerkung

Ich wünsche mir, Ihnen mit diesem Artikel und meinen beispielhaften Ausführungen im Vortrag die Bedeutung von Prävention und Fortbildung zum Thema Behinderung und sexuelle Gewalt deutlich gemacht zu haben.

Ich erhoffe mir ein weiteres Nachdenken über und die Enttabuisierung der Themen Sexualität und Behinderung, Behinderung und sexuelle Gewalt. Eine Vertiefung steht Ihnen frei. Meines Erachtens bedeutet eine offensive Bearbeitung in Theorie und Berufspraxis, einen wesentlichen Beitrag zu leisten, um Schädigungen betroffener Behinderter zu erkennen, Hilfe anzubieten und ein menschenwürdiges Leben zu ermöglichen.

Anmerkungen:

[1] Bange D.: „Die dunkle Seite der Kindheit. Sexueller Mißbrauch an Mädchen und Jungen. Ausmaß-Hintergründe-Folgen." Köln 1992

[2] vgl.: Prof. Dr. med. T. Furniss: „Multiprofessionelles Handbuch sexueller Kindesmißhandlung." Münster 1992

[3] Senn, Ch. Y.: „Gegen jedes Recht. Sexueller Mißbrauch und geistige Behinderung" S. 33 Berlin 1993

[4] Tharinger, D. u.a.: „Sexual Abuse and Exploitation of Children and Adults with Mental Retardation and other Handicaps" . In: „Child Abuse & Neglect" S. 304 f. vol. 14/1990, 301-312

[5] O'Day, B.: „Preventing Sexual Abuse of Persons with Disabilities" S. 4. Santa Cruz 1983

[6] Senn, Ch.Y.: ebenda S. 32

[7] ebenda S. 32

[8] Tharinger, D. u.a.: ebenda S. 304

[9] O'Day, B.: ebenda S. 3 f.

[10] Tharinger, D. u.a.: ebenda S. 305

[11] Senn, Ch.Y.: ebenda S. 36

[12] Vgl.: Braun, G.: „Ich sag 'Nein'". S. 18 ff. Mülheim a.d. Ruhr, 1989

Literatur zur Information und Prävention

- Besems, Vugt: „Wo Worte nicht reichen. Therapie mit Inzestbetroffenen", Kösel-Verlag, München, 1990
- Enders, U.; Hrsg.: „Zart war ich, bitter war's", Kölner Volksblatt Verlag, 1990
- Wyre/Swift: „Und bist du nicht willig ...", Kölner Volksblatt Verlag, 1991
- Enders /Stumpf: „Mütter melden sich zu Wort", Kölner Volksblatt Verlag, 1991
- Kavemann / Lohstöter: „Väter als Täter", rororo Nr. 5250, Rheinbeck 1984
- Rotthaus u.a., Hrsg.: „sexuell deviantes Verhalten Jugendlicher", Verlag Modernes Lernen, Dortmund 1991

- Elliot M.: „So schütze ich mein Kind vor sexuellem Mißbrauch, Gewalt, Drogen", Kreuz-Verlag Stuttgart, 1991
- Wildwasser Nürnberg, Hrsg.: „Gegen sexuellen Mißbrauch an Mädchen. Juristischer Leitfaden für HelferInnen", Nürnberg 1991
- Mebes M.: „Kein Küßchen auf Kommando"
- Mebes M.: „Kein Anfassen auf Kommandon, Donna Vita Yerlag, 7.Aufl., Berlin 1990
- AJS, Braun G.: „Gegen sexuellen Mißbrauch an Jungen und Mädchen", Landesarbeitsstelle NRW, Köln
- Kentler H.: „Eltern lernen Sexualerziehung", rororo Nr. 7440, Rheinbeck 1981
- Achilles J.: „Was macht Ihr Sohn denn da. Geistige Behinderung und Sexualität", Piper Verlag München 1990
- Nordhoff I.: „Wenn Mädchen die Pille wollen", rororo Nr. 7930, Rheinbeck 1986
- Kentler H.: „Taschenlexikon der Sexualität", Schwann Verlag, Düsseldorf 1982
- Gee / Meredith: „Wachsen und Erwachsen werden", O. Maier Verlag, Ravensburg 1987
- Bundesverband der Lebenshilfe e.V.: „Positionspapier: Schwangerschaftsverhütung bei Menschen mit geistiger Behinderung", Marburg, 3. Aufl. 1989
- Mc Bride: „Zeig Mal", P. Hammer Verlag, Wuppertal 1986
- Mc Bride: „Zeig Mal mehr", Beltz Verlag 1989
- Fagerstrom: „Peter, Ida und Minimum", O. Maier Verlag, Ravensburg 1987
- Aliki: „Gefühle sind wie Farben", Beltz Verlag, Weinheim und Basel 1991
- Wachter O.: „Heimlich ist mir unheimlich", Donna Vita, Berlin 1983
- Kehoe P. u.a.: „Wenn ich nur darüber reden könnte", Donna Vita, Berlin 1983
- Braun G.: „Ich sag Nein", Verlag die Schulpraxis, Mülheim a.d. Ruhr, 1989

Autorenverzeichnis:

Dr. Theresia Degener
Münsterer Straße 1
60326 Frankfurt

Lambert Esser
In der Atzenbenden 29
52080 Aachen

Marlies Röhrig
Oberstraße 151
53859 Niederkassel

Christiane Schneider
c/o ZsL
Jakobstraße 22
50678 Köln

Uta Sievert
Universität zu Köln
Heilpädagogische Fakultät
Frangenheimstraße 4
50931 Köln

Prof. Dr. Eva-Maria Weinwurm-Krause
Universität zu Köln
Heilpädagogische Fakultät
Frangenheimstraße 4
50931 Köln

Aiha Zemp
Rifferswilerstraße 2
CH - 8915 Hausen a.A.

Aus unserem Verlagsprogramm:

Psychologie

Margarete Meyer
Zur Förderung des Kleinkindes und behinderten Kindes in seiner Welt
Hamburg 1994 / 120 Seiten / ISBN 3-86064-218-9

Andrea Schedle
Mütterliche Belastungsverarbeitung und frühe Entwicklung des Kindes
Hamburg 1994 / 242 Seiten / ISBN 3-86064-178-6

Jörg Schlichting
Die Kindesankunft
Erlebnisweisen von Frauen zur Zeit der Empfängnis
Hamburg 1994 / 195 Seiten / ISBN 3-86064-042-9

Klaus Schuster
Die Entwicklung von Freundschaftskonzepten im Kindes- und Jugendalter
Hamburg 1994 / 200 Seiten / ISBN 3-86064-192-1

Thomas Klein
Verhaltensstandards in der Ehe: Kontinuität und Wandel
Eine Analyse von Anstandsbüchern der Jahre 1834 bis 1987
Hamburg 1993 / 106 Seiten / ISBN 3-86064-129-8

Petra Gieß-Stüber
Umgang mit Belastungssituationen
Hamburg 1991 / 392 Seiten / ISBN 3-925630-63-5

Verlag Dr. Kovač · Postfach 50 08 47 · 22708 Hamburg · Fax: 040 - 389 56 20

DANKE!

...für den Kauf von Wohlfahrtsbriefmarken, Ihrem Porto mit Herz & Verstand.

Arbeiterwohlfahrt		Deutscher Caritasverband
Deutscher Paritätischer Wohlfahrtsverband		Deutsches Rotes Kreuz
Diakonisches Werk der EKD		Zentralwohlfahrtsstelle der Juden in Deutschland

Zeig beim Porto Herz & Verstand:

Kauf Wohlfahrtsbriefmarken
Hilfe, die ihr Ziel erreicht.

Erhältlich bis Ende März bei der Post, ganzjährig bei den Wohlfahrtsverbänden.